スタートアップで働く

志水雄一郎 フォースタートアップス株式会社
代表取締役社長

Discover

はじめに

「知らない悪」を、変えよう

転職やキャリア形成に関心のある人だけでなく、今はそれらをまったく意識していない人にも、僕がよく伝える言葉がある。

「知らない悪」だ。

目の前の状況を、世界のビジネスパーソンの現実を、未来の見通しを、ただ「知らない」というだけで、あなたの人生の進み方は大きく変わってしまう。僕は、「知らない」ままで未来の可能性を狭めてしまうことを「悪」と表現している。逆に言うと、知ってしまえば、無視できなくなるともいえる。あなたの頭は、誰に言われるまでもなく、ひとりでに先行きを考え始めてくれるだろう。

僕は、一人でも多くのビジネスパーソンやこれから仕事を始める学生たちに、「知らない悪」を知ってほしくて、「知らない悪」を乗り越えてほしくて、本書を書くことにした。

この本は、世界における主流の成長産業である「スタートアップ」へのキャリアチェンジを促すことを念頭に置いている。

スタートアップという企業体に明確な定義はないが、革新的な技術やビジネスモデルの事業を営み、社会に新しい価値をもたらしながら、短期間で急成長を遂げる意欲を持つ企業群を指す。ネットやテレビのビジネスメディアで、そのフレーズを聞かない日はないと言っていいほど、あらゆるところでスタートアップは取り上げられている。日本政府は2022年をスタートアップ創出元年として位置づけ、今後5年間でスタートアップへの投資額を現在の10倍となる10兆円規模まで拡大することを視野に、2022年末に「スタートアップ育成5か年計画」を策定した。

しかし、情報の受け取り手によって、抱くイメージはまちまちなのが現状だろう。未だにスタートアップを、みずからのキャリア形成においても「ギャンブルだ」「仕事先として不安だ」と思い込んでしまっているケースも少なくない。

僕は今、あえて「思い込んでいる」と書いた。それも「知らない悪」の一つだからだ。理由は後述するが、もはやスタートアップで働くことはギャンブルでも何でもない。むしろ、あなたが個人として持つ可能性を将来にわたって広げ、世界のスタンダードと目線を揃えるためにも、知っておくべきことがたくさんある。

この本を通して、あなた自身がスタートアップで活躍できている像が見え、キャリアの選択肢の一つとしてスタートアップへの転職や起業が検討できるようになれば、本書の役目は果たしたといえるだろう。

今、日本の経済状況に対して、悲観的な声が絶えない。しかし、まだ取り返せると僕は信じている。正しく言うと「今すぐにでも始めれば」という条件がつく。ビジネスパーソンが志向するキャリア、仕事と働き方の関係、従来型の教育で刷り込まれた思考の脱却など、様々な観点はあるが、まだまだ間に合う。

それは「知らない悪」を乗り越えた、あなたの人生そのものにも当てはまる。スタートアップという世界を知ったうえで、今歩んでいる自分の人生やキャリアを再度肯定することができれば、明日からの仕事の意義は、まったく違ったものになるだろう。

ずっと失敗続きだった僕は、スタートアップで変われた

僕も、あるタイミングで「知らない悪」に気づき、生き方を大きく変えたことが今につながっている一人にほかならない。

僕の名前は志水雄一郎。2016年9月に株式会社ネットジンザイバンク（現在のフォースタートアップス株式会社）を設立し、代表取締役社長として経営に務めてきた。2020年3月には東京証券取引所マザーズへの上場も経験した（現在は東証グロース市場）。

こう書くと立派に見えるかもしれないが、僕の人生は失敗の連続だった。高校3年生のときは夏季模試の偏差値が37しかなかった中、奇跡的に現役で大学に受かったところまではよかったのだが、結局、就職浪人した末に5年通った。

働く場所として拾ってもらえたのは株式会社インテリジェンス（現パーソルキャリア株式会社）。ただ、営業職の成績は振るわず、実力もなく、給与も上がらず、借金までして「人生が詰んだ」とさえ思った。

そこでようやく尻に火がついた。「自分が凡人であれば、他人より倍の努力をすれば人並みくらいにはなれるかもしれない。そのうち確率が上がって、いずれトップを獲れるはず

だ」と励むと、20代後半からトップセールスの一人として結果を残すことができた。

この後にもいくつも失敗してきた。マネジメントの難しさやチームとの不和から心を病み、精神科へ通っていた時期もある。しかし、心に死の不安を抱えながらも、そこから抜け出すために事業計画書を作って取り組んだのが、現在も続いている転職サイト「ＤＯＤＡ」（現ｄｏｄａ）の立ち上げだった。

新規事業が軌道に乗り、リベンジを果たしたと思っていたが、40歳という区切りの年に大きな転機を迎えることになる。管掌していた事業で起きてしまった問題の責任を取る形で、それまでの仕事から大きく変わって、いわゆる「窓際族」のような立場に置かれてしまったのだ。

あらためて自分のキャリアについて考えた際、ある「日本の将来」を予見する調査データを見て、頭を殴られたような思いがした。

昭和の時代に生まれ、学びが足りなかったのかもしれない。僕は、ずっと「日本は豊かな国で、日本人はプライドを持てる集団だ」と信じて生きてきたが、その調査結果では「日本は衰退する、実は日本人はそれほど豊かではない」とデータが訴えかけていた。

なぜ、高等教育を受けながらもこの事実を今日まで知らなかったのか。

なぜ、それなりに大学で学び、それなりに仕事をしてきたはずなのに、「日本は豊かである」という考えに、疑問を抱けなかったのか。

なぜ、これほどの課題がありながら、僕は解決に努めていなかったのか……。


自分が生を受けた意味さえ問われるような現実を前に、今まで向き合ってこなかったことを恥じ、僕は40歳から「社会課題や未来課題の解決に努める人生にしよう」と覚悟した。「自分の存在は社会のものであり、自分の時間も社会のものである。だからこそ、みずからがこれからの未来を変えていく存在にならなくてはならない」と生き方のルールを定めた。

成長産業領域に特化したヘッドハンター（私たちはヒューマンキャピタリストと呼んでいる）として努力し、それなりに成果を出した後に、仲間たちとともにフォースタートアップスを創業した。フォースタートアップスは「世界で勝負できる産業、企業、サービス、人を創出し、日本の成長を支えていく」という考え方のもとに、ビジョン「for Startups」を掲げている。主たる事業には、成長産業領域におけるヒトの支援（人材支援）とカネの支援（資金支援）を軸としたハイブリッドキャピタルと、産官学民が連携したオープンイノベーションを通じたスタートアップエコシステムの構築を推進している。

高回転で課題を解決しながら、上場会社と成り得る仕組みをつくり上げることに苦心しつつも、想定より時間がかかってしまったが、創業から3年半、国内企業としては異例のスピード上場も果たした。

インプットなくして、アウトプットはできない

ここまでの僕の経験からいえることは、大きく二つある。

一つは、どれほど失敗の連続を経てきた人間であっても、日本国内で上場企業の社長になれるチャンスがあるということ。

もう一つは、「知らない悪」と向き合い、みずからの「視座・視野・視点」のコントロールを行えれば、人生や未来は変えられるということだ。

「視座・視野・視点」のコントロールを行うために重要なことが、さらに二つある。

まずは、インプットを習慣づけること。

僕自身は40歳までインプットを疎かにしてきたせいで、自分がやるべきことを見つけら

れず、情熱を持てるものもなかった。しかし、インプットにより明確な社会課題に気づけたことが、すべての道のりのスタートになっている。

そして、「インプットなくしてアウトプットはできない」と心得ること。天才であればインプット量が小さく、無の状態からでも何かを生み出せるかもしれないが、一般的にはインプットのレベルによってアウトプットの質が決まる。僕のような凡人は、人一倍インプットして、初めて良いアウトプットができるものだと思っている。

また、インプットした事柄によって、社会や世界に「自分のものさし」をつくり、現在地をプロットすることも大切だ。その結果、みずからがちっぽけな人間だと思えたなら、それはむしろ世界の広さを知ったことになる。

広い世界でやれることはまだたくさんあり、人生はますます楽しめるのだと感じられれば、アウトプットするためのモチベーションも高まる。これも「視座・視野・視点」のコントロールの一つといえる。

人間が選択できる最も美しい行動は挑戦だ

そもそも現在の社会環境において、人生はどのように形成されるのかについて、僕たちはもっと逆算思考で向き合わなければならないと考えている。

たとえば、誰しもが避けられないお金の観点で見てみよう。

日本は世界で最も平均寿命が長い国だといわれ、健康であれば90歳や100歳まで生きることもある。それまで生きるとしたときに、「自分がどういった人生を歩みたいのか、どのような生活水準を担保したいのか」を逆算すると、どれだけのお金が必要なのかもわかってくる。

さらに、必要なお金を、生きるであろう年数分で割れば、どれくらいを年収として稼ぐのか、株式などのキャピタルゲインを狙うのか、資産運用で補填するのか、また、遺産相続で確定しているのか……といった逆算もできてくる。

この逆算が成立しないような生き方を選んでしまうと、望むような老後には届かず、大きな苦労をする確率が高まってしまうだろう。収入が止まったとき、もしくはみずからが満足いくレベルで働けなくなったときに、生きていく残りの年数に対する課題が出てくるわけである。

スタートアップで働くことは、こういったやりがいと経済合理性を両立できるキャリアとして、現時点では成功に最も近づけるチャンスがあると、僕は思う。

そこで、最も自由かつ前提とすべきチャレンジは「起業」だと僕は考える。

起業家はみずから旗を立て、みずからの言霊でミッション、ビジョン、バリューを語り、集った仲間とともにプロジェクトを推進する。雇用を創出し、社会や未来の課題を解決するためのプロダクトやソリューションを提供し、売り上げを出し、利益を上げる。その一部を税金として納めて、社会の発展に貢献する。さらに、成長の過程で株式上場などを果たせば、大きな資産を形成でき、税金を納められるだけでなく、その資産をもって寄付などを通じた慈善活動や、次なる起業家のサポート、人類が守るべきものを維持するための投資をすることもできる。まさにやりがいと経済合理性の両立だ。それらを最大値に持っていこうとするならば、起業家が最も輝かしい選択肢だと思う。

ところが日本では、家庭教育でも学校教育でも、起業という選択肢がキャリアの筆頭であることは教わらない。だから、誰もかつてのトヨタやソニーのような時代を代表する会社をみずから立ち上げようなどとは言い出さないし、そこを目指すこともしない。

スタートアップ先進国の一つであるアメリカでは、起業あるいはスタートアップでの挑戦は、日本と比べればずっとスタンダードな選択肢として受け入れられている。アメリカでスタートアップに踏み出す人が多い一番の理由は、「社会を変えられるから」といった目線の高い話もあるが、むしろ逆で「周囲にやっている友達が多いから」という目線の低さがあるようだ。スタートアップというキャリアが、社会の中でどれだけ一般的な選択肢であり、トレンドになっていることが大事なのかが伝わってくる。いずれ日本でも同様の認識を広めていきたいし、あなたもその一人として、加わってもらえたら嬉しい。

もちろん、誰もがリーダーとなれるわけではないだろう。そういった人にも、リーダーのもとに集まって、日本のビジネス史を揺るがすほどのビッグゲームをともにつくっていくことができる道が開かれているのだ。

人間が選択できる最も美しい行動は挑戦だ。

スタートアップは、最も自由かつ最大限に挑戦できる領域の一つである。経営に携われたり、自分の意志を事業に込めたりと、ビジネスにおいても様々な経験が可能になる。大企業では、そういった経験は、能力が高く、昇格レースで上位に立たなければ成し遂げられない。スタートアップであれば、年功序列ではないから経営に挑戦できる機会をみずから生み出せる。仮に失敗しても挑戦者は称賛され、リベンジも十分にできる。さらに日本は少子高齢化で労働人口が減っていく国であるからこそ、働く場所が見つからないということはまずないだろう。

誰かが未来を変えてくれるのを待つのではなく、未来は自分で変えていける。「知らない悪」を知り、「知らない悪」を乗り越え、「自分にも何かが成し遂げられる」と一人でも多く挑戦していく。そうすれば、きっと人生も、社会も変わっていくと僕は信じている。「何のために生きているのか」「私たちにはどれだけ素晴らしい可能性があるのか」「100年間生きたらどれほど素晴らしいことを世の中に残していけるのか」を考えていってほしい。

本書は、その挑戦を志すあなたへ手渡すためにつくった。

スタートアップで働く　目次

第1章 なぜ、今、スタートアップなのか

第2章 スタートアップへ転職する「前」に知っておくべきこと

第3章

どのスタートアップに転職すべきか

第4章

スタートアップ転職の成功事例

※組織名・肩書きは取材当時のもの

第 1 章

なぜ、今、スタートアップなのか

大企業とスタートアップはどう違うのか

転職志望者をはじめとする方々から、「大企業とスタートアップにはどのような違いがあるのか？」と何度となく投げかけられてきた。

僕が常々伝えているのは**「スタートアップは特別なものではなく、大企業の前身である」**ということだ。

あなたが所属している企業が、一般的な大企業であるとしたら、スタートアップはその過去の姿といえる。スタートアップも成長すれば、いずれは大企業になる。事実、表向きはまだまだスタートアップのように見られながらも、時価総額や従業員規模などが十分に大企業にも引けを取らないスタートアップもある。

現在の大手金融機関も、かつては最先端だったATMなどのテクノロジーを積極的に取り入れていた意味では、彼らも「フィンテックスタートアップ」だったともいえる。

組織構成も、大企業とスタートアップに根本的な違いはない。バックオフィスといわれる経理、総務、法務といった職務をこなす人もいれば、開発もフロント業務もある。もちろん、小規模なスタートアップであればCEOやCTOをはじめ、複数の職務を兼任しているケースはあるだろうが、やるべきことに大きな違いはない。

だから、キャリアのことを考える際に、あまり大企業とスタートアップを分けて考えすぎる必要はない。

会社の「機能」としての差はそれほどない一方で、あえて違いを挙げるとするならば、**スタートアップは「より強い意志」と「挑戦心」を持っていることが前提となった仲間の集まりである**、というのは大きいだろう。

もし、世の中に会社という存在がなくとも、社会課題を解決しようと思った誰かが、まずは一人で試みる。しかし、一人で取り組める課題には限度があるがゆえに、より早く、より大きな課題を解決したいと思ったら、もっと多くの仲間を集めるはずだ。そうして、あらゆるところに「生業」が成立していく。

他の大企業が、すでに社会課題の解決に奔走していたり、他のチームが手掛けていたりするならば、極端な話をしてしまうと、彼らにその解決を任せてしまう手もある。まだ世の中にその社会課題を解決できる存在がないのであれば、やはり誰かがつくらなければいけない。これこそがスタートアップが生まれる価値の一つだといえる。

社会課題の解決と聞くと、社会への貢献性の高さが条件にあるように思われるかもしれないが、そうではない。

人間の欲望や欲求は様々であり、それらをストレートに表現する方法としてビジネスをつくり、対価を得ていくことを目指すことも起業につながる。

課題解決や目的達成に対して、挑む姿勢や成長する意欲にこそ「スタートアップ」は宿るのだ。成長し、世界へ影響力を持っていきたいという意志と戦略を持つか否かが、単なる中小企業とスタートアップの差を分ける。

スタートアップ企業群では、しばしばベンチャーキャピタルなどからの大型の資金調達がニュースになる。これは自社の稼ぎだけでなく、資金を外部から調達したほうがレバレッジをかけてより早く、より大きく組織を成長させられる可能性が高いという戦略にもとづくものだ。

ちなみに、かつては「ベンチャー」という言葉もよく使われたが、現在は「スタートアップ」という呼称のほうが一般的になってきた。経済産業省が発表した資料では、スタートアップの定義として次の3点を挙げている。

1：新しい技術の活用、斬新なサービスなど新規性がある
2：加速度的に事業を拡大することを目指す
3：創業から間もない、比較的に創業年数の若い企業

この定義にのっとれば、ベンチャーとの差はそれほどないようにも思えるが、「加速度的に」とスピード感が強調されているのは、確かにスタートアップらしさともいえるかもしれない。また、経済産業省の資料ではスタートアップを「社会課題を成長のエンジンに転換して、持続的な経済成長を実現する、まさに『新しい資本主義』の考え方を体現する新たなプレイヤーとして注目されています」とも説明している（※1）。「新しい資本主義」は岸田文雄内閣総理大臣が掲げる経済政策であり、この説明だけでもスタートアップ支援が国策として位置づけられている意図が伝わってくる。

スタートアップでは「やりがい」と「経済合理性」を両立できる

キャリアを設計するうえで大切なのは、「やりがい」と「経済合理性」の両立だ。社会に貢献できるやりがいのある仕事でありながら、金銭的報酬をしっかり得るということである。

資産をつくるための金銭的報酬は「給与報酬」と「株式報酬」に分かれる。

経済合理性でいえば、確かに大企業で役員に迎えられるようなキャリアであれば、かなりの資産を形成できるかもしれないが、多くの人に開かれたチャンスではない。また、給与報酬だけを見れば、確かに外資系企業や日本の大企業のほうがスタートアップより高いケースはある。とはいえ、最近ではその差もかなり縮まっており、一概にも言えなくなってきた。

日本経済新聞社がまとめた2022年の「NEXTユニコーン調査」では、回答企業の

図1 上場企業とスタートアップの平均年収

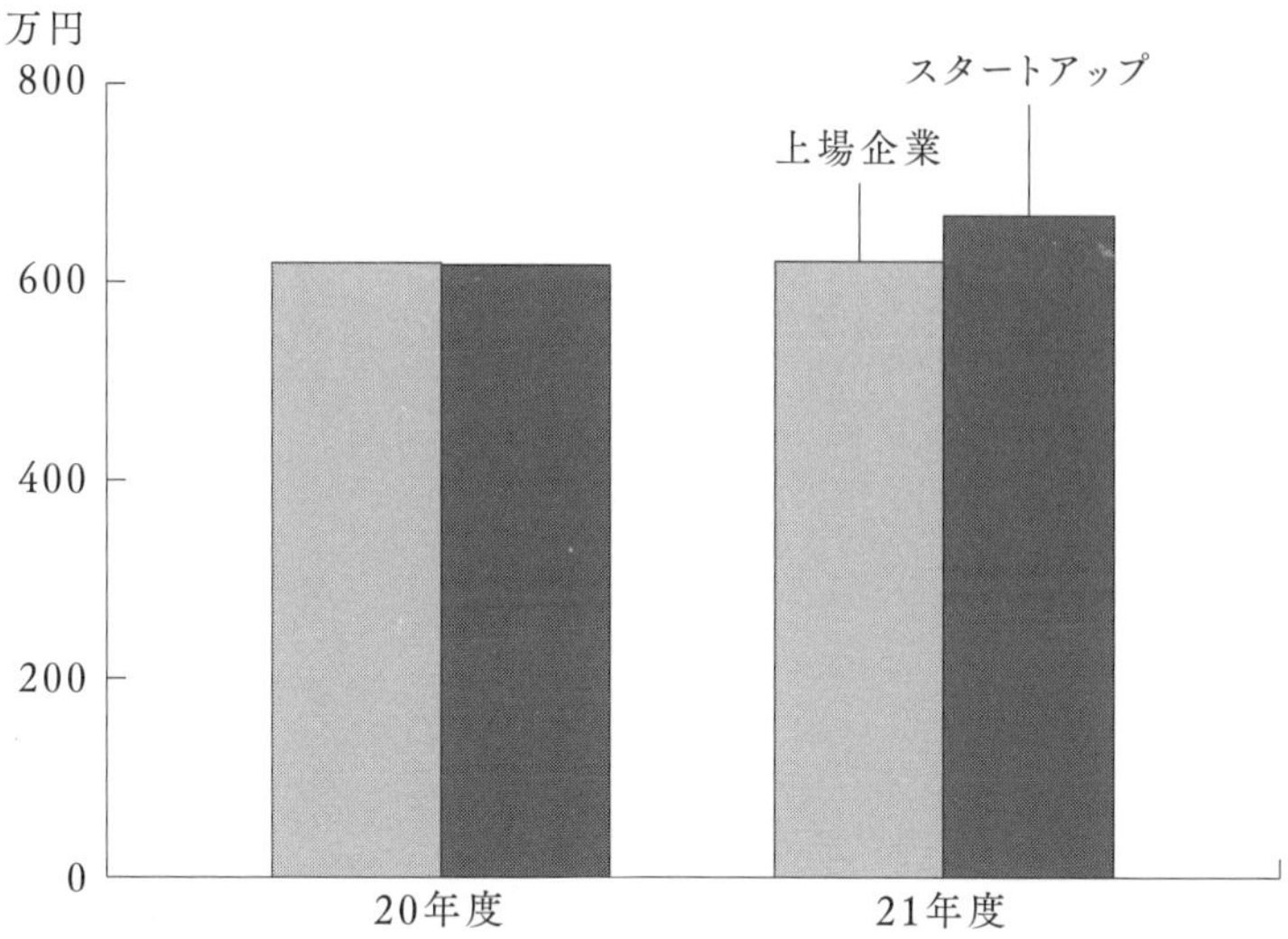

**出所:スタートアップは日本経済新聞「NEXTユニコーン調査」
上場企業は東京商工リサーチ**

21年度の平均年収は650万円で、上場企業の平均を45万円（7％）も上回っていた。（※2）

また、たとえば、大企業や官公庁といった「エンタープライズ」企業群をターゲットにした、ある未上場SaaS企業（Software as a Service、「サース」または「サーズ」と呼ぶ）では、セールスの平均年収が1500万円を超えているケースも出てきた。すでに大企業群の給与と大差のないスタートアップもあり、あなたが「スタートアップは給料が安い」と思い込んでいるとすれば認識を改めたほうがいいだろう。

さらに、株式報酬となると、話は大きく変わってくる。

大企業でも持株会に加入することなどで株式報酬を得るチャンスはあるのだが、スタートアップにおいては、その比ではない。

スタートアップでは、上場前の段階から事業に携わり、その貢献度などによりストックオプションを付与されることがある。ストックオプションとは、株式会社の従業員や取締役などが、自社株をあらかじめ定められた価格（権利行使価格）で取得できる権利のことだ。成長過程で上場を果たせば、権利行使価格と上場した株価との差額をキャピタルゲインとして得られる。さらに上場ゴールに終わるのではなく、仲間とともに成長戦略を力強く実行し、さらに数倍から数十倍の企業価値向上を果たしていくことにより、社員としても個人資産を数億から数十億レベルで形成することも可能になる。

たとえば、初期のスタートアップに参画した社員に、会社が株式全体から0・1％のストックオプションを付与していたとする。日本は上場時のバリュエーション（企業価値）が2021年の初値ベースで平均250億円だったから、単純に計算しても株式報酬は2500万円の価値になる。当然、役職や働きによってストックオプションの付与率がさらに高ければ、それに応じて資産は一気に増えていく。

あくまで、これは「初値ベース」であって、あなたの働き次第で企業がさらに大きくなれば、株価もより高まり、手にしているストックオプションの価値も向上していくのだ。

しかも、社会や未来の課題解決を掲げるスタートアップが多いからこそ、仕事を通じて人類の現在と未来に貢献でき、さらには自己実現にも近づけるかもしれない。

スタートアップ的キャリアの象徴的な人物は、イーロン・マスクだろう。

彼がオーナーを務める電気自動車メーカーとして知られる「テスラ」の時価総額は、一時期、1兆ドルを超えたこともある（※3）。ほかにも、宇宙関連事業の「スペースX」のオーナーでもあるが、こちらの企業価値は1400億ドルともいわれる。テスラができたのは2003年、スペースXは2002年だ。わずか20年足らずで、これだけの企業を彼はつくりあげてきた。自分がやりたいことで仲間を募り、投資家からお金を集めれば、イーロン・マスクのようなビッグプロジェクトに挑戦できるチャンスは誰にも与えられている。

企業価値が爆発的に増えれば、そこで働く社員の懐も潤っていく。すでにストックオプションが付与されている社員の中には、日本円にして数百億円以上の個人資産を持っている人もいる。

これは何もアメリカの巨大企業だからという話ではない。

日本のエンターテインメント系スタートアップであるANYCOLORが、株式上場を果たした際に、従業員の多くに自社株式やストックオプションを付与していることが話題になった。同社が公表した「大株主リスト」には30人以上の従業員が記載され、最も少ない人でも1億3500万円の価値がある株式を持っていた。つまり、上場によって30人の億万長者が誕生したわけである。さらに、株主リストには従業員を含む117人が名を連ねており、数千万円から数億円を得ることになったとも報じられている（※4）。


このように株式報酬は、給与報酬とは桁外れの資産を築ける可能性がある。

アメリカほどの規模でないにしても、日本でもストックオプションなどで資産を得るのは夢物語ではなくなった。なぜなら、日本はアメリカに比べて株式上場がしやすい環境にあるといわれるからだ。

2021年の上場社数は136社、2022年は112社であり、2015年以降は毎年約100社近くが上場を果たしてきた。日本では全発行株式の10％前後を社員にストックオプションとして付与され、最近では15～20％という高い比率にて付与されている事例も多い。事実として、毎年多くの億万長者が誕生しているのだ。

ちなみに、ストックオプションに関して、執筆時点（2023年7月末）では「信託型ストックオプション（※ストックオプションにおけるスキームの一つ）」の税務や会計の取り扱いについて議論が続いている。課税方式のあり方をめぐって、国税庁や経済産業省と企業の間でも意見交換などが進んでいるところだ。

報道では「行使時の税負担が増える」といったネガティブなニュースを目にした機会もあるかもしれないが、現状ではストックオプションの付与や、キャピタルゲインを得ることについては安心してもらって構わない。

スタートアップ振興が国策でもあることから、むしろ従来より有利になる税制ルールの変更など、プラス面での見解も出されている。スタートアップ全体にとっても重要な観点のため、情報を継続的にキャッチアップすることをすすめたい。

人生で必要な資産を逆算してみよう

日本では平均給与は過去と比較して上がっておらず、労働分配率も上がっていない。その一方で、社会保障は減り、税率は上がっている。退職金制度も揺らいでいる。生涯収入は減っているのに、税金は増えていく。物価が上がり、実質所得が減っている実感を持つ人も増えているだろう。

客観的なデータを見てみよう。

ＯＥＣＤのデータによると、２０２２年時点の日本の平均賃金は４・１５万ドルと、アメリカのほぼ半分しかない。35カ国中25位で、ＯＥＣＤ平均を下回っている。「アジアの中では日本はまだまだ豊かだ」と思っている人もいるかもしれないが、平均賃金では韓国にも抜かれているのが現状だ。

図2 OECD諸国の平均賃金（2022年）

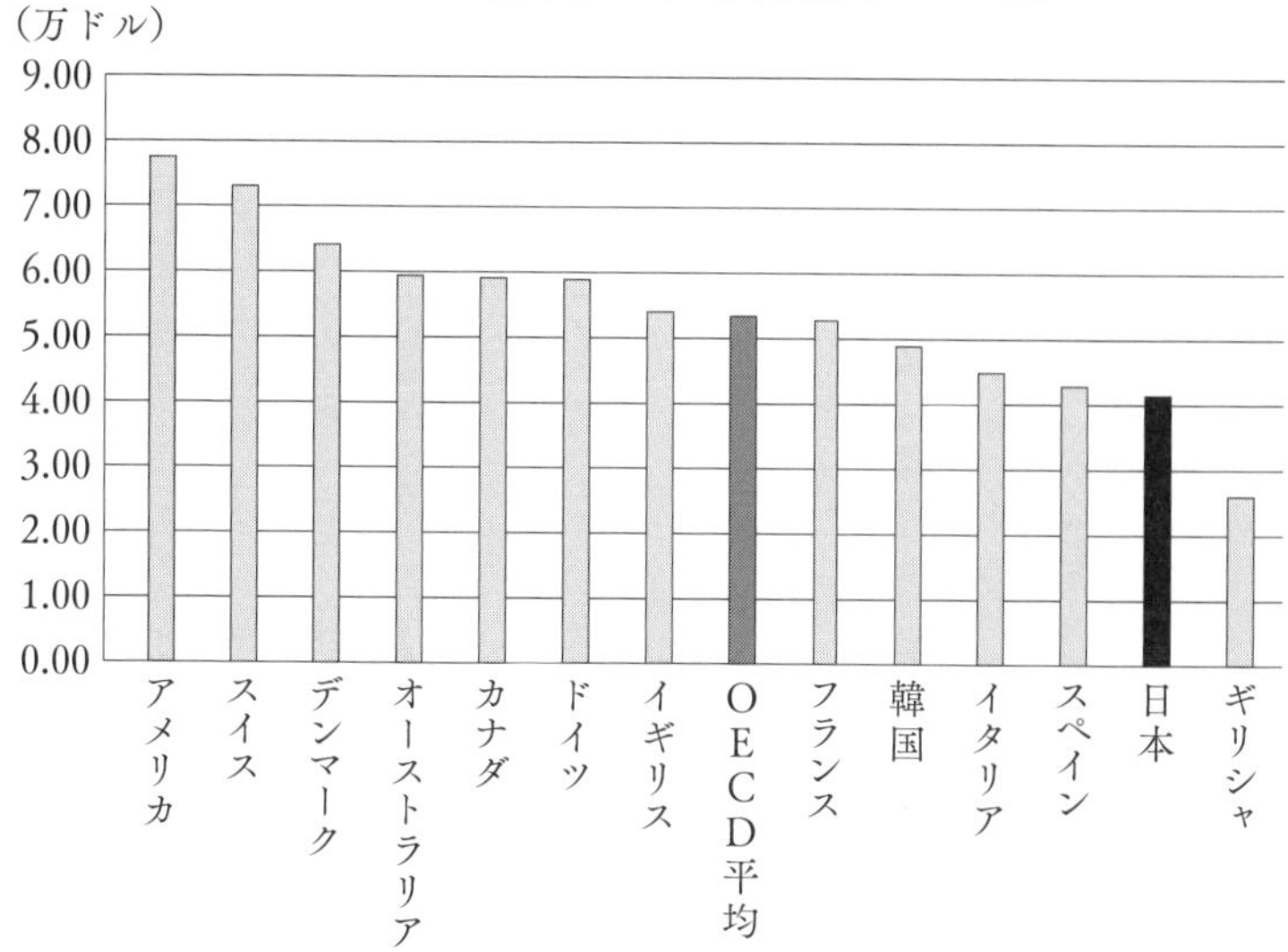

出所:OECD　注:購買力評価ベース

だからこそ、給与報酬だけに頼るのではない方法で、人生を成り立たせる方程式をつくる必要がある。

この状況に立ち向かうためにも、キャリア設計における株式報酬の重要性に目を向けることをすすめたい。

すでに有名大企業で働くほとんどの人ですら、十分な資産を築くことはできなくなってきている。むしろ、株式上場前のスタートアップに早い段階から参画して、ストックオプションをもらうほうがよほど勝算が高いように僕には思える。スタートアップで働く人やスタートアップに転職したい人は、企業価値と持株比率を掛け合わせ、どのくらい資産形成できる可能性があるかをしっかり認識しておくべきだろう。

60歳から65歳ほどで退職して、一定の生活水準で暮らしたいと考えるとする。仮に年間500万円水準の生活を続けたいとなれば、残り数十年の人生を生きるには、ざっと見ても2億円ほどの資産が必要になる。もちろん、年金の受給もあるので一概には言えないが、退職するときに2億円を持っている人はどれほどいるだろうか。

健康寿命がより長くなり、可処分所得が変わった分、ただ守るだけでは難しい時代になった。攻めも必要になったという事実も「知らない悪」の一つだ。

資産の話が続いてしまったが、僕が伝えたいのは「金持ちを目指せ」ということではない。あくまで「人生で必要な資産を逆算してみよう」といった現実的な提案だ。必要な資産を確保することは、より大きな挑戦ができる可能性にもつながっていくのだ。

こうしたお金の話をすると、怪訝な顔をする人がいるかもしれない。ただ、僕としては、自分の人生を豊かにしながら生き続けていくためにも、**「やりがい」と「経済合理性」のバランスと「金銭報酬」と「株式報酬」のバランスを常に意識しながら、ベストな職場を選ぶべき**だと思う。

株式報酬を交えると、資産形成のスピードも段違いになる。通常であれば60歳まで勤めて築ける金額を、わずか数年で、キャピタルゲインによって得られる可能性もある。先ほど例に挙げたANYCOLORの設立は2017年5月であり、株式上場は2022年。わずか5年で多くの億万長者を輩出したことになる。

しかも、**ストックオプションはみずからの努力によって、成功確率も資産価値も向上できるものである。**アンコントローラブルなものではなく、コントローラブルなものだと捉えられる。

企業価値を向上させようとすれば、仕事や自己成長に対する向き合い方も変わってくるだろう。給与報酬をアップさせようと自分一人だけの目標達成に日々励むのではなく、株式を持っている全員で、会社の成長にコミットすると、給与以外に資産も向上していく。「視座・視野・視点」も高める必要が出てきて、自己成長も促される。

スタートアップは社会や未来の課題解決を志向する。そのため、**成長すればするほど、課題は解決され、人類や生活にイノベーションを起こす可能性も高まっていく。**ひいては国家の競争力にもつながっていく。金銭的な期待と社会への貢献が連動する、僕にはよほど純粋な働き方のようにも思われる。

早い段階からスタートアップにジョインできれば、ビジネスによる成長を心から楽しみ、キャリアはより最高のストーリーになりやすいはずだ。

決してアメリカンドリームの話をしているのではない。

日本人が、日本国内におけるキャリア設計であっても、可能になっている環境が広がっているのだ。しかも、この状況はバブルのように儚くなくなってしまうものでもなければ、博打のように危ういものでもない。

政府は、「スタートアップ5か年計画」として、国策としてスタートアップに注力する姿勢を決めたわけであり、この大きな時代の流れは止まらない。

日本は国家としての危機に直面し、経済競争にも負けている。それなのに新たなリーダーが次々と生まれていないのは、こういった状況に多くの人が気づけていないからだろう。これも「知らない悪」の一つだ。

多くの日本人が日本経済はまだまだ強いと勘違いしている。気づいていないから、自分がやらなくてもいいと思ってしまっている。経済的な「負け」を認識できておらず、仮に認識した人であっても、最初から自分たちには世界に通用する企業やサービスはつくれないと諦めている。たとえば、GAFAM（Google, Apple, 現Meta・旧Facebook, Amazon, Microsoft）のようなビッグテックは、自分から遠い存在だとも感じている。

でも、それは違う。

GAFAMだって同じ人間がつくったものだ。同じように生まれ、後天的に学んだ内容もそれほど変わらないはずなのに、働く日本人の多くが「自分たちはダメだ」と思い込んでしまっている。GAFAMだけではない。ソフトバンクも、Yahoo!も、DeNAも、GREEも、あらゆる会社は自分と同じ人間の「誰か」が真摯に学び、目標を据えて怠惰を超え、素晴らしい仲間と時代を歩みながらつくったものに他ならない。

世界のビジネスパーソンはスタートアップに対する捉え方が大きく違う

世界のビジネスパーソンにとって、スタートアップ転職は「当たり前」の選択になっている。世界最大のスタートアップ大国であるアメリカのエリート層を例に、キャリア選択の序列をまとめてみよう。

まず、エリートが選ぶキャリアの序列は、第一に「起業」が挙げられる。

世界的なブライトキャリアにおいて、最上位は起業家だ。雇用を創出し、多くの税金を納め、創業した会社をイグジットするなどして資産を持ち、みずからエンジェル投資家となって、次なる挑戦者への後押しをする。さらには社会への慈善活動、社会課題に対する基金や団体との設立といったことにも資金を割り当てる。そういった素晴らしいことに取り組める世界の挑戦者が「起業家」として名を馳せ、みずからの人生を燃やしていく。

起業家の次に来るのは「次世代のＧＡＦＡＭ」になりそうな「Ｐｒｅ‐ＩＰＯ（株式公開が望める）スタートアップへの転職」である。

世界を変えるかもしれない起業家が挑戦することを支えたい、自分もやりたいと望んで参画する人たちだ。自分の能力を旬のマーケットに当て、給与報酬だけでなく株式報酬も得られることを狙うわけだ。さらに、世界を変えうるイノベーションにも協力できる。

序列の三番目に来るのが「ＧＡＦＡＭで働く」になる。中には、起業やＰｒｅ‐ＩＰＯスタートアップに挑んだ人々が、一度は環境や視点を切り替える意味でもＧＡＦＡＭに転じ、時が来たら再び上位の序列へ勝負を仕掛ける人もいる。

そして、次に既存のコンサルやその他の会社群という序列になる。

起業やＰｒｅ‐ＩＰＯのスタートアップへの転職人気が高いのにはワケがある。みずからの力で社会や業界にイノベーションを起こすことができ、より早い昇格の可能性もある。さらに、大きな株式報酬も得られる可能性もあるからだ。

ＧＡＦＡＭでも当然大きなイノベーションは起こせるかもしれないが、すでに上場済みで大企業となった今、株式報酬は大きく望めないといえる。コンサルやその他の会社にな

図3 アメリカエリートのキャリア序列

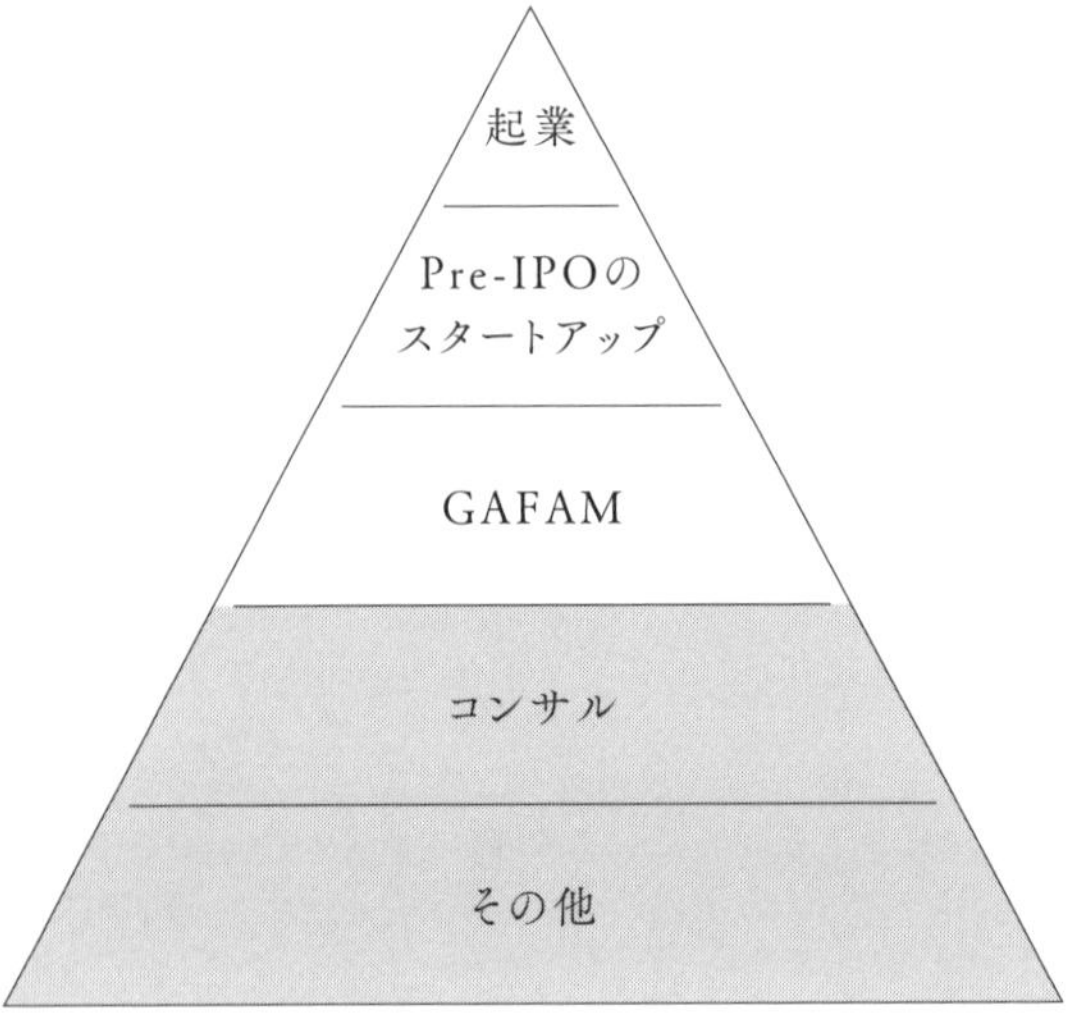

れば、管理職以上であれば株式報酬を得られる可能性があるが、一般的に株式報酬はもらえない。さらに、クライアントや既存業種の改善寄りの仕事が多くなり、イノベーションを起こせる可能性からは遠ざかる。

日本とアメリカの違いでは「政府調達」のシステムがあることも大きい。年間数十兆円のスタートアップ投資が行われるアメリカでは、国家的な競争力を高めるために企業のサービスを買ったり、起業家が事業を伸ばすための下支えをする資金を与えたりする仕組みがある。

イーロン・マスク率いるテスラやスペースXもそうだ。民間企業を単独で戦わせるのではなく、その企業の価値を国がサポートして徹底的に引き上げることで、市場でも圧倒的な存在感を持たせることが狙いだ。これが今や世界を席巻するような新産業がどんどん生まれ、市場に参入してくる構造の一つだ。ちなみに遅ればせながら、日本においてもスタートアップ向け政府調達を強化していく方向性であることは言及しておく。

アメリカには裾野の広いスタートアップ・エコシステムが存在することで、起業が一番のブライトキャリアとなり、スタートアップへの参画を選ぶ優先順位も高くなる。企業数が増えれば多産多死のマーケットが構成され、勝つ人は大きく勝つが、負ける人は負けていく。あるいは、M&Aもあり、イグジットして再挑戦するといった循環も生まれる。

しかし、負けたとしても、その人たちは経験をもとに勝っている人のもとに、また集っていく。多産多死のエコシステム・ゲームの中で勝ち上がってくる人がいれば、政府調達なども働いて、さらに大きく伸びていく。

アメリカにおけるキャリアの序列のポイントは「自己実現」と「イノベーション」だと言い換えてもいいだろう。序列が上になればなるほど株式報酬の持ち株比率が上がって、株式上場すれば大きなキャピタルゲインが得られる可能性が高いのである。

今や世界トップクラスの起業家たちは、個人資産が数兆〜数十兆円の時代になった。序列の二番目になるＰｒｅ-ＩＰＯのスタートアップ群になると、世界の超メガベンチャーの社員であれば数百億円規模の個人資産を築いている事例もある。

Googleといった一大企業で平均年収２５００万円で働くよりも、「Googleをつくった社員」になれれば、個人資産が今や数百億円にもなる。発行株式の０・１％を取得し、企業価値が１００兆円ならば、理論上では１０００億円の個人資産を持つことになるからだ。この例が数社しかなければ夢物語だが、アメリカには企業価値約１４００億円超えのユニコーン企業が６００社あり、ＳＰＡＣ上場も含むＩＰＯが年間ベースで１０００社近くあることを踏まえれば、それだけたくさんの億万長者が生まれているというのが事実なのだ。

アメリカは新産業で国家価値の40％ほどを形成し、成長している。現在でも日本の倍くらいにアメリカは報酬水準が高い。こういった新産業のシステムを目指して、フランスや韓国をはじめ、全世界の国々でもスタートアップ政策を中核に置いている。

そうすると国は競争力を持つだけでなく、既存産業と新産業が争う中で、誰かは負けるが、誰かは勝つ。その中で「ウォー・フォー・タレント（人材獲得競争）」の時代が生まれている。

日本では逆三角形のキャリアが当たり前になってしまった

世界のキャリア選択の「事実」を、日本に住む僕たちはどれほど認識して生きてきただろうか？

こういったことは、大学のキャリア教育では語られないし、転職エージェントも語ることができない。なぜなら、自分たちが経験したことがなく、まわりに経験者もいないからだ。また、学べることなのに、学べていないことも事実である。

アメリカのエリートのキャリア序列が、起業やＰｒｅ－ＩＰＯの優先順位が高い三角形だったのに比べると、日本では大企業やコンサルが優先される「逆三角形」でキャリア選択を捉えていることがほとんどではないだろうか。その選択も決して間違いではない。ただ、世界のキャリア選択の筆頭にはなっていないというのは知っておいてもいいだろう。

日本の「失われた30年」では人材産業の会社が成長したが、人の能力や賃金は世界のトップレベルには到底及ばないままだ。国際経営開発研究所が発表する世界競争力ランキングにおいて、日本の競争力は、公表が開始された1989年から1992年まで世界1位であった。『ジャパン・アズ・ナンバーワン』という書籍が出るくらいに世界的な影響力があったのだ。まさに世界を席巻していた。それが現在では35位で、マレーシアやタイよりも低い。

僕は、誰もがただ生きるのではなく、自分が持つ本当の可能性に気づけていない一人でも多くの人に、こういった「事実」に気づいてもらいたい。僕たちがみずから生き方を変え、日本のアップデートのためにも、スタートアップなどの新産業をいかに組み込んでいくのかを考えていかなければならないと思っている。そして、社会、未来、次世代のために自分の役回りを果たすことができることも。

そのためには、目の前にある選択肢から会社を選んで働くだけでなく、みずからが社会課題の解決のために起業をする、スタートアップに参画するといったことが必要になってくる。

うまくいけば、先行者利益も得られて、個々人のブライトキャリアが築けていける。そういった事例は海外には存在していて、日本にはまだ少ないだけなのだ。

もちろん日本のすべての働き手がすぐに環境を変えられないことも理解している。しかし、強いリーダーシップを持つ人が起業し、そういったリーダーとともに新たなブライトキャリアを実現しようとするチャンスが、日本でも開かれてきている。

「今からソニーやトヨタはつくれない」と思うのではなく、実際にはそういったチャンスや可能性が十分にあるのだ。

日本におけるスタートアップの変遷

では、日本がスタートアップにまったく疎かったかといえば、決してそうではない。幾度かのチャンスやブームはこれまでにも経験している。

歴史を振り返ると、トヨタ（1937年設立）やソニー（1946年設立）が生まれた「第一の創業ブーム」を経て、昭和後半期にも「起業ブーム」があった。カルチュア・コンビニエンス・クラブ（1985年設立）、ソフトバンク（1986年設立）、光通信（1988年設立）、僕が最初に勤めたインテリジェンス（1989年設立・現パーソルキャリア）などが出てきた時代だ。彼らは、事業の算段だけでなく、きっと根拠のない勇気と動物的な勘を働かせて起業に挑んだはずだ。世界の潮流をいち早く掴んで事業を立ち上げた人もいた。

当時はこれらの企業が企業価値ランキングの上位に入り、とても勢いがあり、「あのような会社に入ることができれば、持株会やストックオプションで良い暮らしができる」とささやかれてもいた。もし、このときにスタートアップが広がっていたら、平成の日本経済はもっと違ったかたちになっていたかもしれない。しかし、バブル崩壊もあって一過性のブームで終わってしまった。

時は進んで、2000年初頭頃にアメリカや日本でもインターネットバブルが崩壊する。そして、2012年から2013年にも再び、ソーシャルゲームのプラットフォーマーを中心としたITバブルが崩壊してもいる。当時の主役はGREE、DeNA、ミクシィ(現MIXI)といった面々だった。

その後、ゲームのコンテンツやソフトをつくる人たちが集まり、SAP(ソーシャル・アプリケーション・プロバイダ)企業などを立ち上げていく。僕もこの時期にスタートアップ業界に関わり始め、現在のフォースタートアップスにつながっている。

この頃の資金調達市場は現在の数分の一しかいない環境である。スタートアップが日常ではなく、日本ベンチャーキャピタル協会も、大企業を加盟企業として持つ主要な経済団体に比べると、現在のような影響力もない経済団体に過ぎなかった。

しかし、この頃には現在の日本を代表するようなスタートアップが生まれてもいた。僕らのフォースタートアップスが支援し始めた代表的な会社を例として挙げれば、メルカリやスマートニュースだ。まだ社員数は10人未満で、狭小オフィスやシェアオフィスに拠点を構えていた頃であり、今の規模も想像できない。２０１３年頃は、まさにＢ２Ｃ（Business to Consumer）サービスが勃興していた。

その後、「分散型メディア」の期待値が高まる。スマートフォンが普及するにつれ、よりモバイルに適したコンテンツや広告事業が求められるようになっていく。いくつかのスタートアップが大型の資金調達をして、テレビＣＭなども盛んに活用しながら事業を伸ばそうとしたが、広告宣伝費の過当競争に疲弊していった。

さらに、仮想通貨などのフィンテック、ＡＩなど、その後もスタートアップは様々なビジネスモデル、トレンドを生み出し、変化していく。

そしてＢ２Ｂ（Business to Business）向けのＳａａＳという大波がやってくる。月額課金モデル（サブスクリプションモデル）の契約形態を結ぶのが特徴で、グローバルでもスタートアップ投資の7割はB2B向けビジネスに移行するといわれ、日本においてもほとんどのスタートアップ投資はB2Bに向けて集まっていた。

フォースタートアップスが支援しているスタートアップからのニーズの変遷を見ても、そのトレンドが移ってきていることを僕自身も感じている。かつてはメルカリやスマートニュースといったB2Cビジネスを手掛ける企業からのニーズが多かったが、SmartHRやアンドパッドといったB2B SaaS企業からのニーズが多くなり、今ではさらなる変化を示している。マーケットトレンドが移行してきた傾向といっていいだろう。

そして時代は動く。Web2からWeb3への大転換、さらに、生成AIといった新たな大波が世界のトレンドを大きく動かしているのが現状だ。

また、バイオ、エネルギー、宇宙、モビリティ、ロボットといったディープテック／リアルテック分野でもスタートアップが躍動してきている。人が生み出す可能性たるものは本当に素晴らしい。

しかしながら、まだまだ日本では起業家もスタートアップも数が少ない。

日本でも政府機関や官僚をはじめ、アメリカなどの他国がいかなる成長戦略を描いているのかリサーチしているというが、いずれの国でもスタートアップ政策をたくさん動かして、いかにユニコーン企業を生み出せるかにチャレンジしている。

日本ではユニコーン企業数が直近のデータでは世界18番目といわれるが、**GDP世界3位の国家がユニコーン企業数では18位ということ**であり、後塵を拝する結果だといって差し支えないだろう。ちなみに、アメリカのユニコーン企業数は約600社以上を誇る。

近隣諸国で言えば、韓国のほうが一人あたりの生産性が高く、国家としての競争力も高く、賃金も高い。今のところは新産業を生む力が強く、日本のほうが得意としてきた映画や音楽といったコンテンツビジネスにおいても韓国の勢いはとどまるところを知らない。

たとえば、アイドルグループのBTSをプロデュースした会社は企業価値2兆円といわれ、日本でいえばサイバーエージェントの約4倍である（※2023年7月現在の市況ベース）。それだけ価値を認められるものを世界はどんどん生み出しているのに、日本は生み出せていないのだ。

「5か年計画」で日本の国策になったスタートアップ振興

ただ、日本でも、変化の兆しを見ることができる。

僕が象徴的な出来事の一つだと感じたのは、令和4年度の東京大学学部入学式における藤井輝夫氏による「総長式辞」だ。全文は東京大学の公式サイトでも読めるので、ぜひ一読してもらいたい。藤井総長は式辞の中で「東大関連ベンチャーの支援に向けた取組みを積極的に進め、2030年までにその数を700社にするという目標を掲げています」と前置きした上で、大学として起業にスポットライトを当てていることについて述べている。

東京大学といえば、かつては官僚を目指す人の登竜門のような機関でもあったが、もはやそれは過去のものであり、今はスタートアップに対する関心を促す側に回っているのである。

また、僕は日本経済団体連合会や経済同友会といった経済団体に加入しており、数々の講演や役員挨拶を聞く機会がある。その中で、もっぱら「一丁目一番地にスタートアップを！」と話されることが増えてきた。主要な経済団体に加盟しているのは日本の大企業であり、相対的にはスタートアップ企業は少ない。そういった日本の古き良き大企業群も世界の状況を見れば「待ったなし」だと捉え、自分たちがいかに民間の立場から強いスタートアップを生み育てるのかを議論している。

日本政府としても、2022年2月に岸田文雄内閣総理大臣が「スタートアップ創出元年」を宣言。2022年、2023年と続いて、日本の成長戦略に「スタートアップ支援」が盛り込まれた。つまり、国策としてスタートアップを本格的に支えることが決定された。

2022年末には「スタートアップ育成5か年計画」を発表。スタートアップ育成に向けた1兆円の予算措置を講じるとともに、**スタートアップへの投資額を「5年間で10倍の約10兆円規模に増やすこと」**を視野に入れた計画であり、保有株式を売却してスタートアップに再投資する場合の優遇税制の創設なども盛り込まれている。

2022年末に組まれた補正予算では、スタートアップ向けに過去最大の1兆円の予算が割り当てられ、経済産業省の高官は「空前絶後」とこれを表現したことからも、熱意の高さがうかがえる。
12月30日には東京証券取引所の大納会に出席した岸田内閣総理大臣が「日本経済の持続的成長、そして、日本が直面する様々な社会課題の解決を担う主役は、スタートアップであると考えており、来年は、その育成に一段と力を入れていきたい」とも発言している。

スタートアップ市場の拡大を民間だけが目指すのではなく、国を挙げて取り組むことが宣言されたわけだ。目的は、日本の未来を再成長に向かわせるために重要であるからに他ならない。

宣言されている「5年で10倍のマーケットをつくる」という構想を実現しうる可能性がある市場を日本で他に探せと言われても、そうそう見つかるものではない。それほどのポテンシャルがある。

実際に、フォースタートアップスで公開した「国内スタートアップ合計資金調達金額・資金調達実施企業数の推移」を参照しても、日本の資金調達市場は年平均成長率では25％程度の伸びがあり、特に2021年は世界でも資金調達市場が大きく伸びた年で、日本でも1兆円を超えたと言われている。

しかし、同様の指標で見るとアメリカ資金調達市場は2021年に37兆円、2022年は減ったものの26兆円に上る。新規上場社数も、日本の136社に対して、アメリカは1000社と、スタートアップを形づくるエコシステムに大きな格差があり、他の国々と比較しても日本はまだ規模が小さいのが現状だ。

この宣言にある5年が経った2027年以降におけるスタートアップ政策の詳細は決まっていない。しかし、まずは2027年までは、日本はスタートアップ振興を止めずに拡大し、それによって日本が新たな競争力を獲得しようと宣言している。

もし、実現しなければスタートアップ新興はいくらかトーンダウンするであろうし、道半ばで終わるようなことになるかもしれない。その際に、日本は次なる成長戦略を何で描けるのかと問われれば、もはや手はほとんどないだろう。

なぜなら、世界で勝ち抜く手段は大きく二つしかないからである。一つは新産業がつくられること、もう一つは資源国家になることだ。しかし、日本には石油産出国のような資源は望めない。自助努力でできるのは新産業の成立であり、国民の働きかけ次第で実現が可能なのであるから、**まさに国を挙げてのチャレンジが始まったのである。**

僕たちが住む「国」の視点でもスタートアップへの挑戦が重要である

僕たちが世界とキャリアを見つめ、一人ひとりが立ち上がらなければ、日本という国の未来も変えることはできない。

国の動きによる社会の変化は、実は戦後日本の再興にも重ねて見ることができる。かつての日本は繊維産業で世界と戦ってきた時代があったが、「今後は自動車産業で勝っていく」と軸足となる戦略を動かしていった。当然、繊維産業からは反発や冷笑もあっただろうが、国が中核事業として自動車産業を置くのであれば、自分たちの事業ドメインもそちらへ動かすことが必然的となっていった。結果として、日本は世界に名だたる自動車産業を作り上げることができ、世界でも覇権を握っていった。

ところがある日、この業界にテスラという黒船が来航する。一時はテスラでさえも、日本企業が連合して買収する噂があったようだ。その計画は僅差のところで実現はしなかったらしいが、実現しなかったことでイーロン・マスクという世界的経営者が生まれ、彼が率いたテスラは今やトヨタ自動車の時価総額を遥かに上回ることになった。販売台数一台あたりの営業利益でも、テスラはトヨタの4倍の水準である。

これにはアメリカという国が、ハイブリッド車ではなく今後は電気自動車（EV）に軸足を移していくことを決めたことも関係している。アメリカだけでなくヨーロッパでも同様となったとき、はたして既存の日本の自動車メーカーは生き残れるのか。それはメーカー単体ではなく、関連する下請け企業も含めて考えなければならない。さらに次には中国・BYDも迫ってきている。

2022年の日本の貿易収支はマイナス19兆9713億円と、過去最大の赤字を記録した。資源価格の高騰や円安が重なったことも要因とされるが、もはや世界の時価総額ランキングにかろうじて載り続けるトヨタ一社では、赤字は到底まかないきれない規模になっている。

日本全体が「負け」に傾く中、ただ目の前の課題解決に励むだけでは、この状況は覆せないだろう。現状のままでは課題の解決ができないのであれば、僕は新たな場所で課題の解決に努めるのが、この時代に生を受けた理由であり、現代人としての努めではないかと思っている。

日本におけるスタートアップ支援の現在

多くの日本人にとって転換が難しいのは、会社勤めの人が多い一方で、働くことへのエンゲージメントが先進国の中でも最低レベルといわれる点からも見える。「なぜ、その会社に勤めているか」の理由を語ることができないのだ。そのうえに、転職率にしても先進国の中でも最も低い部類に入る。

もし、エンゲージメントが高くて転職率が低いのであれば、日本の企業群は人材との結びつきが最適だからともいえるのだが、そうはなっていない。エンゲージメントが低く転職率も低水準。なおかつ世界的なブライトキャリアは起業がトップであることを鑑みても、日本の状況は世界とはまったく真逆を行っている。

ただ、これには働く一人ひとりの問題であると片づけられる問題ではない。

日本ではキャリアを主体的に選択するという「キャリア教育」が学校過程で不十分であ

ることに加えて、仕事に対する思想や思考に関する学びを得る機会がまだまだ少ない。「働いて生きる」というテーマに対して、「あなたにはどんなチャンスと可能性があり、何を成し得て死んでいくのか」という人生の大きな主題の一つともいえることへの眼差しが養われないまま社会に出るケースがほとんどだろう。

たとえば、フランスはかつてのマクロン政権下において、スタートアップ政策の一つに教育を入れ込んでいる。アメリカで起業やスタートアップというキャリアを選択するのが当たり前になっている理由は、自分の周囲にいる人が当然のようにその選択をすることが大きい。

中国でも、テクノロジースタートアップが盛り上がる深圳といった地域では、シリコンバレーよりも速いスピードで成長を見せている。そこで働く人たちは「この深圳から世界を代表する会社がつくられる」ということを体感し、さらには巨大な中国市場を背景に「GAFAMを超える会社をこの場所から生み出す」と意欲を燃やしているだろう。

本来は、同様のマインドセットは日本でも実現可能なはずである。起業やスタートアップで働くことが周囲を含めて当然となり、たとえば東京が「成功する都市」として知られて人々が日本全国や海外から集まるような場所になる……そのような環境が構築できれば状況も変わるかもしれない。

フォースタートアップスでは、日本政府による「スタートアップ・エコシステム拠点都市」の政策実行を支援している。優秀な学生がいる旧帝国大学系、もしくは理工系、医学部系、薬学部系から研究開発型ベンチャーが生まれるポテンシャルはあり、まだまだ足りないアントレプレナーシップの精神を根づかせることで、各地域での創業を図っているところだ。

また、地方自治体が政策としてスタートアップ誘致に取り組み、税制優遇や創業支援などのサポートを施す事例も生まれてきている。たとえば、福岡県久留米市はバイオ関連のスタートアップに注力している。

他にも、フォースタートアップスは、行政と連携して、関西をバイオやヘルスケア領域でスタートアップが生まれやすい「スタートアップゲノム」のランキング上位の都市にするべく支援している。

これはアメリカの調査会社であるStartup Genomeが毎年発表する「グローバルスタート

アップ・エコシステムランキング」に掲載される上位都市には、機関投資家などから資金が集まりやすいという背景もある。以前にも同様の活動を東京で実施し、世界最大級のスタートアップ企業データベースを展開するCrunchbase(本社・アメリカ)にも働きかけるなど、トップ10入りを果たした実績をもとにしている。

東京をはじめ、札幌、仙台、静岡、愛知、大阪、京都、神戸、広島、福岡、北九州といった地域でスタートアップ政策の実行支援が進行中だ。

情報と人材の東京一極集中を避ける意味合いもあるが、「スタートアップ育成5か年計画」においても地方創生の戦略の一つとしてスタートアップ振興を各地方で行うことが明記されている。他にも、政府は「デジタル田園都市国家構想」として、デジタルの力で地方の個性を生かしながら、社会課題の解決と魅力の向上を図る計画を推進している。

「やりたいこと」がなくても、起業も転職も選択できる

起業やスタートアップでのチャレンジについて話していると、「起業を安易にすすめて、失敗したらどうするのだ」と批判されることもある。確かに成功するのは一筋縄ではいかないが、今後はいろいろな起業のケースが出てくるはずだと考えている。

フォースタートアップスはベンチャーキャピタルのインキュベイトファンドと組んで、起業する予定がなかった人の背中を押して起業を促している。

具体的には、総合的にリーダーシップ能力が高い人や何らかの分野で圧倒的な実績をあげている人を対象に、「リーダーたるもの社会の公器になるべきだ」と口説いて起業を後押しするのだ。自身で起業を志向されていない場合、当然、事業案は持ち合わせていないケースがほとんどだ。そこで、僕らから起業をすすめるための道筋を提案していく。

「あなたの動機や課題感をもとにした社会課題・未来課題の解決に努めるか、または、成

功確率の高い事業ドメインをリサーチしているので、いずれかで挑戦してみませんか。創業時の資金も1億円以上を出資します。さらに、壁打ち役として著名なベンチャーキャピタリストと僕のようなヒューマンキャピタリストがユニットを組み、あなたをサポートしていきます」と。

このように口説いて起業し、事業を始めたスタートアップは、現在一社も倒産することがなく、それぞれ拡大の一途を歩んでいる。Forbes JAPAN主催『RISING STAR AWARD』で表彰されたスタートアップも2社創出している。

今後も世の中に絶対はないが、本来は起業に向いている人が起業し、資金やアイデアや人材などをプロがサポートし、事業計画の壁打ちを重ねていけば、起業の成功確率はずっと上げられるだろう。

世の中の起業家すべてが、必ずしも自分自身の「やりたいこと」で起業し、成功しているわけではない。「やりたいこと」があったとしても、起業準備や事業に取り組んでいるうちに、「やりたいこと」が変わったり、新たに「やるべきこと」が見つかったりする人もいる。どこかでピボット（方向転換、路線変更）が起きる。

多くの起業家が経験するのが「創業後ピボット」だとすれば、僕らが支援しているのは

「創業前ピボット」だと言っていいだろう。ピボットした事業を我がごとにしていくのだ。

また、内発的な動機がない人に対して、自己分析をすすめるケースもよく見るが、僕自身はあまりその方法を好まない。

なぜならば、**自己分析からは本人の「過去の経験と情報にもとづいた価値観」しか生まれないから**だ。深く学び、本を読み、挑戦し、素晴らしい出会いを経て、自分固有の価値観がすでに出来上がっている、という人ばかりでもないだろう。むしろ特別な動機や価値観を持っていない**「普通の人」であることが一般的ともいえる。**

普通である人にとって大事なのは、何かしらのチャレンジや方向転換をする際に、「こんなに素晴らしい機会はない」と捉えることである。僕らには世の中でいろいろなものを制限なく選択できるチャンスがあるのに、それを自己分析の名のもとに自分の過去の価値観のみで人生を選択してしまうのは、実にもったいないことだと思う。

起業であっても転職であっても、必要なのは自身の価値観とプロの視点を天秤にかけることだ。

たとえば、ベンチャーキャピタルで投資判断などを行う「ベンチャーキャピタリスト」や、スタートアップなどが、経営課題の解決や未来戦略を実行するための最適な人材を紹介する「ヒューマンキャピタリスト」といった目利きたちが、「この事業ならうまくいく、この企業なら日本を代表する存在になれる」と見立てている。それが、プロ視点だ。

彼らが提案してくるのが、自分の価値観からすれば選ばないような選択肢だとしても、その可能性を一度前向きに検討してみる。自分がどれを選ぶと幸せになれるのかに向き合うのだ。

チャレンジするなら40歳でも、まだ「若手」

今後のビジネスパーソンを取り巻く環境は、起業を含めてチャレンジには寛容になっていくはずだ。少子高齢化で、2100年に日本の人口は6000万人程度になるともいわれる。現在の半分にまで減るのだが、1925年（大正14年）とほぼ同等である。チャレンジして失敗したとしても、競争率の低下もあり食いっぱぐれることのない状況に近づくともいえる。「働く意思さえあれば雇用はどこかにある」という環境だからだ。

チャレンジすべきは若い世代ばかりではない。僕はなんといっても現在の中高年たちにも奮い立ってほしいと願っている。中高年が輝いていないと、若い人たちからすれば、自分たちの未来を投影するのにふさわしくない相手ばかりになってしまう。

中高年こそ、かつての「安定」から脱して挑戦し、時代を切り拓いてほしい。その必死に生きている姿こそが、若い世代に勇気と希望を与える。

僕は1972年6月生まれで、この本を書いている頃は51歳だ。最初はヒューマンキャピタリストとして、そして途中からは、フォースタートアップスの経営者として駆け抜けた40代だったが、僕のように40代や50代からの人生は、まだまだ長く残されている。あなたにはもっとチャンスがあって、人生を最大値に全うするために刺激ある挑戦をすることは十分に可能なのだ。

「大人になればなるほど保守的になる」とか、「起業やスタートアップは若い人たちが試みるものだ」とか、特に日本では思われている節がある。しかし、実態はまったく違う。海外の企業家は40代や50代の創業の成功確率が圧倒的に高い。

『ハーバード・ビジネス・レビュー』誌がアメリカの国勢調査局のデータを用いて調べたところ、創業後5年の成長率でトップにいる0・1%のアメリカスタートアップの創業者は、創業時の平均年齢が45歳だったという。日本のような平均年齢48歳という国家の中では、40歳はまだ「若手」であり、勝負できる年代層なのである。

さらに、他のデータも見ると、成功者の6%は60代からの起業だ。

20代や30代の多くは根拠のない勇気と自信を持って取り組むか、いち早く世の中の課題に気づいて着手をする。しかし、実力も人脈も再現性も持ち合わせていないために、成功確率は低い。もちろん最初から頭角を現し、20代で大成功している人もいるが、全体で見れば20代と60代の成功者の割合はそれほど変わらないのである。

そもそも、平均年齢が48歳とされる日本で、若年層だけではスタートアップの競争優位性を生むことはできないだろう。様々な年代で構成していくことが、新産業を拡大させるうえでも欠かせないのだ。

現在51歳になった僕は「挑戦こそがアンチエイジングの源」だとも思っているし、自分でもそれを日々実感している。何歳になっても果敢に挑むことがより大切となるのは、人生がライフシフトしてより長く働くようになるからだ。それならば、人生においても二毛作、三毛作とできるほうがいい。

将来的には「社員の平均年齢70代で、年金制度に頼らず、みずからの力で新たに稼ぎ、社会に貢献できるスタートアップが出てきた」といったように、いずれ高年齢層にフォーカスしたチームが盛んに出てくる姿も、日本が世界に先行して示せるモデルになるかもしれない。

年代は問題にならない。勝ち筋を見つけ、再現性を見出してから、プロフェッショナルな人材が勝負することで、「勝つ確率の高いスタートアップ」は生まれやすいのだと僕は考えている。この点については第3章と第4章で、実際にスタートアップへ転じた先達たちの実例も交えて深掘りしよう。

本質的に、人間には無限大の可能性があるのだと、僕は信じている。「実家が裕福である」といった成功因子が人生に一定の影響を及ぼすという研究結果もあるが、ほとんどのものは後天的に努力できるものだ。

後天的な努力に対して「できない理由」を挙げるのは、そもそも人間が怠惰だからだと思う。僕も自分自身が怠惰であることは認めている。自認しているからこそ、今の自分に「できること」には前向きになれるし、やるべきことをやろうという気にもなる。

もっと挑戦したい女性こそ、スタートアップの環境を

もし、今いる環境で事業の成長や、出世や昇進のスピードに不満を持つ女性がいるならば、スタートアップの環境は一考の価値がある。もちろん、スタートアップも天国ではないが、しがらみが少なく、実力主義が強いだけに、年齢や性別にかかわらず出世はしやすい。若くして実績を上げたい人にはぴったりだと思う。

世界を見れば、女性が「国の経営者」たる首相を務める例もあれば、女性起業家としてユニコーン企業をつくった例もたくさんある。

現在の欧州はＳＤＧｓ関連の投資が盛り上がっているが、スタートアップ投資も同様に増えている。フランス、ポルトガル、北欧諸国などでもスタートアップ投資のブームが起きている。特にＳＤＧｓ系のスタートアップでは起業家や幹部、社員でも女性の活躍が目立つ。

この状況は、日本と欧州の文化的背景が近いとすれば、日本でもＳＤＧｓ系のスタート

アップの起業や、転職によるジョインは、女性人材が中心となっていく可能性がある。女性管理職の登用率が重視される傾向を踏まえても、魅力的なキャリアアップのチャンスが豊富にあるはずだ。

大企業では要職に就くのは最近でこそ30代という事例は出ているが、一般的には早くても40代から。それほど時間をかけるよりも、スタートアップで20代のうちに実績を残し、上場も経験して、30代半ばくらいまでに上場企業役員としてデビューするのが当たり前といったスピード感があってもいいだろう。上場企業役員を務めるとなると、いろいろな財界組織との関わりも増え、社外の人脈も広がっていくだろう。

また、ここまで何度も書いているように、経済的な自立という点でもスタートアップのメリットは大きい。僕自身も経営者の一人として、スタートアップに携わる者として、「この状況を変えないといけない」と強く思っているが、日本は男女の賃金格差がとても大きい国の一つだ。

2021年のOECDのデータによると、日本の男女賃金格差は38か国中4番目に大きい。男性の所得中央値を100とすると、女性の中央値は77・9だ。徐々に改善はしているものの、他の先進国に比べて、ギャップは大きいままである。

図4 主要国の男女の平均賃金の格差(2021年)

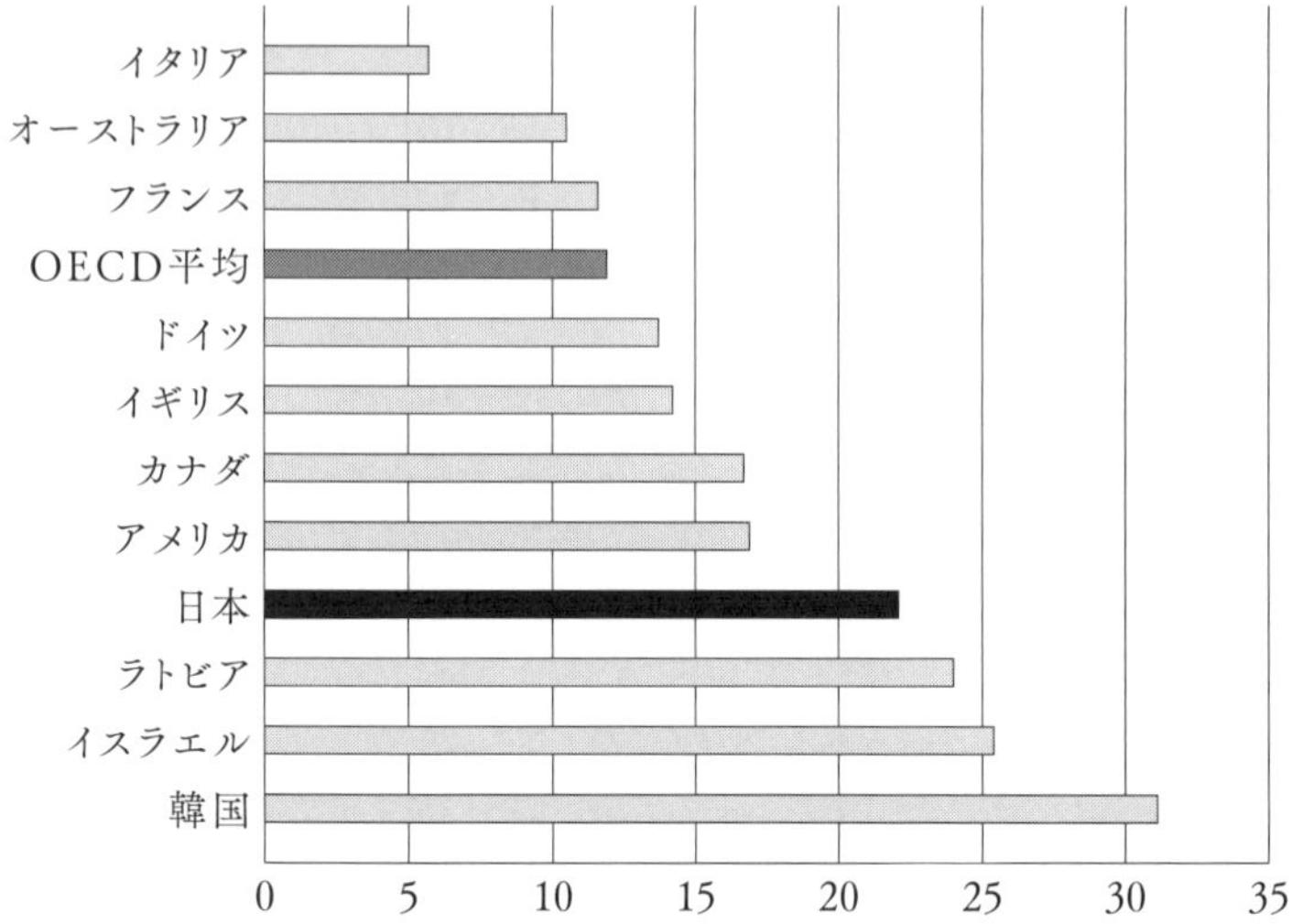

出所:OECD

給与所得は、年齢や性別によるギャップが生まれやすいが、株式報酬については、そうしたしがらみからは自由である。できるだけ早期に参画し、事業に貢献できれば、それに見合ったストックオプションなどの株式報酬をもらえる可能性は高い。

スタートアップも男性に偏ったカルチャーや社員構成を改善すべく、ダイバーシティ&インクルージョンを積極的に推進している。代表例ではメルカリが典型だ。実力と実績に応じた、フェアな対価を得られる可能性がスタートアップ業界全体として今後高まっていくと考えられる。

組織論的には、当初は同一性を重んじる一方で、一定規模をともなった後には同一性よりも多様性が高いほうが、会社の成長に連動してくるといわれている。男女だけでなく、年齢やジェンダーなどが多様なほうが、異なる価値観やバックグラウンドを組織に内包でき、複雑な課題に対して様々な視点からアプローチしたり、新しい観点から事業を生み出したりすることができるからだ。

日本の女性の起業経験者や要職経験者は、全体数からしてもまだ少ないからこそ、日本ではフィーチャーされやすいのだろう。挑戦する意欲がある女性の方には、スタートアップで働くことはキャリアとしても追い風だと思う。僕としても強くすすめたい。

※1　政府・自治体職員必見！行政×スタートアップで社会課題解決へ「行政との連携実績のあるスタートアップ１００選」を制作しました（ＭＥＴＩ／経済産業省）https://www.meti.go.jp/press/2023/04/20230418003/20230418003.html

※2　スタートアップ年収、上場企業を7％上回る　650万円
https://www.nikkei.com/article/DGXZQOUC05AU70V01C22A2000000/

※3　米テスラ、時価総額1兆ドル突破　ハーツから10万台受注 ― ロイター https://jp.reuters.com/article/hertz-glo-hldg-tesla-idJPKBN2HF1S8

※4　「にじさんじ」時価総額フジテレビ超え……26歳代表資産は1000億円超、30人以上の従業員も億万長者へ https://www.itmedia.co.jp/business/articles/2206/17/news051.html

第2章

スタートアップへ転職する「前」に知っておくべきこと

キャリア設計で考えるべき、「安定」と「安心」

本当に「スタートアップは不安で、大企業なら安心」なのだろうか？

まずは前提に立ち返ろう。

日本の多くの人の安定志向の根幹は、案外にシンプルで、僕は「親や学校が教えたから」という点にあると思う。

「就職するなら大手企業に進みなさい。ブランド力もあり、社会的信用もあり、安定した生活ができる」という考え方が、意識的にしろ、無意識的にしろ、親や学校によって脈々と受け継がれてきてしまっている。高度経済成長期であれば正しいアドバイスだといえる。世界的にも成長している日本において、国内をリードしている企業であれば、世界に先駆けていることになる。安定的で、世界的に見ても、ほぼ「勝ち」のキャリアだといっていい。

しかし、世界と日本が競争し、今は「失われた30年」で国力が衰えた後である。**日本の「安定」は世界での「負け」なのだ。**

では、どうすればいいのか。

これも答えはシンプルで、勝てるキャリアを設計して、進めばいい。

では、どうして当たり前のようにも思えるその解決策を多くの人が取れないのか。

これも答えはシンプルで、日本人はキャリアを選択するスキルを教育の段階で得ることができず、その手法を見つけないままに社会へ出る人が圧倒的多数だからだと考える。

日本において教育は文部科学省、ビジネスは経済産業省が管轄しているが、両者は縦割り行政の傾向が強い。本来は省同士が連携し、学生たちが学校を卒業して社会に出る前に、キャリアを選択するためのスキル学習やナビゲーションがなされるべきだろう。国民の基礎能力や倫理感を養う教育も確かに大切なのだが、「どういうスキルを持てば、より良い生活と、より良い競争力を得られるのか」から逆算して、策定したプログラムを提供する必要があるのではないか。僕からすると、現在の日本の教育では、それが提供されていないように思える。

つまり、僕たちは教育の課程で学ぶことのなかった**キャリア設計について、社会に出てから学ばなくてはならない**のだ。今、あなたがキャリアや転職について不安に思うのは、あなただけの責任ともいえない。ただ、そうとわかれば、みずから動き出す他はない。

今、日本で「安定」を選択することは、世界から見れば安定的な「負け」

日本は起業思考も転職思考も低いと言われていながら、所属している会社に対する帰属意識も「先進国中で最も低い」という状況だ。

つまり、**「何のために生きているか」「何を実現するために生きているか」を語れないまま働いている人がたくさんいる**ということだろう。

この課題を解決するためには、「なぜ生きるのか」と「どのような視座・視野・視点を持って生きるのか」を考えるところから始めなくてはならない。

まずは、日本における「安定神話的」キャリア観の成り立ちから考えてみよう。

高度経済成長期の日本において、安定することは絶対的な価値だった。

日本は全世界のGDPで第2位につけ、労働生産性も第2位、平均年収も高水準であった。日本国内で「有力なキャリア」と呼ばれるものは、世界においても「有力なキャリア」といえたのだ。

これまでの日本には保守的な生き方を良しとする前提条件が揃っていた。挑戦することなく中庸に生きていたとしても、一定の生活水準と人生が担保されていたのだ。

しかし、その後にバブルが崩壊し、90年代初頭から2020年代にも続く「失われた30年」がやってくる。

世界経済が伸びる中、主要先進国の中で日本だけが停滞していったことで、キャリアに対する考えも変わらざるを得ないはずだ。これまで「勝ち」だと呼ばれてきた日本の安定志向型のキャリアは、相対的に世界の中では「負け」に転じていったからだ。

賃金は増えず、退職金の制度は崩壊し、税金は上がる。可処分所得は減っているにもかかわらず、長生きするだけ生活コストは余計にかかってくる。

この状況は今も変わっていない。世界基準で見れば、日本経済は先進諸国から、どんどんと離されていく時代にある。だからこそ、攻めなければ負けてしまう。

国力や経済力を含めて、もっと落ちていくようなケースは想像に難くない。2021年には、日本の労働生産性はＯＥＣＤ加盟38カ国中27位と、比較可能な１９７０年以降から最も低い順位になってしまった。

過去の栄光でしかないが、世界の企業時価総額トップ50社の６割を日本企業が占めていたことがある。今は上位１００社で見ても１社しかいない。日本は世界から見れば、すでに競争力も企業価値も低い会社でしか構成されてないともいえる。ただ、かろうじて労働人口が多いために、労働生産性が低くとも何とかなっている状態だ。ＧＤＰは中国に抜かれて第３位となり、すぐ後ろにはドイツやインドが迫っている。

もっと身近な存在の国でいえば、韓国がある。今や一人あたりの平均年収も、一人あたりの労働生産性も韓国のほうが高い。「未来を勝ち取るための指標」としては、人によって様々なものを挙げるだろうが、世界が新たに指標とし始めた「ベンチャー企業への投資規模」でも「ユニコーン企業の創出数」も日本のほうが低い。エンターテインメント領域も、韓国が世界を席巻し、勢いを持っていることは見聞きしているだろう。

日本がＧＤＰで韓国より上位にいるのも、単純に労働人口がまだ多いからだろう。

フランスもデジタル分野のスタートアップを世界企業に育てる振興策として「フレンチテック」を旗印に押し出している国の一つだ。官民で２０１３年から取り組みを始め、新技術の実装、資金供給、世界展開を促す仕組みが特徴的だ。２０１３年にわずか1社だったユニコーン企業数は２０２２年12月時点で25社に伸び、政府目標を3年前倒しで達成している。

フランスは、アメリカや中国と比べると、デジタル技術による産業変革は途上といえる。若年層の失業率の高さ、自動車産業などの競争力の再構築など課題も多い。それでも、優秀な人材が官庁や大企業に入りがちだった保守的な風土に、確実な変化が生まれている。

現状の日本で「安定」を選択するということは、世界から見れば「安定的な負け」を選ぶことだ。待っているのは安定していると思いながらも、みんなで落ちぶれていく未来だけだ。

国規模で見れば、日本の衰退は数字でも実感としても明らかだが、僕らが普段生きている中で、国家規模の危うさを意識することは正直に言ってほとんどない。これも「知らない悪」の一つだと思う。

もし、このまま日本が衰退した後で、未来人があなたのもとにやってきたとしよう。未来人は「誰がこんな日本にしたのですか?」と問うてきた。

あなたは何と答えるだろうか。

答えは簡単だ。「日本に住む諸先輩方と自分たち」しかあり得ない。世界中が成長を遂げる中で、日本が思い込みの安定にすがり、一生懸命に励まなかった末路でしかないのだ。

「何を実現するために生きているか」からキャリアを考える

キャリア選択のスキルを持たない人が多いという日本の状況を逆手にとっているのが、多くの人材ビジネスである。

国立大学や有名私立大学を卒業していようが、「キャリアを選ぶスキルを持っていない＝キャリア情報の弱者」に対して、人材サービスは多くの情報を売り込みやすくなる。「人が働き、収入を得て、生活する」という方程式を満たせば、人材ビジネス側は売り上げがつくれる。マーケティングやブランディングで労働者との接点をより早く持ち、キャリア情報を与えることができれば、ビジネスになるのだ。そして、多くの人はキャリアを感覚的に選別し、時に誰かからの助言や社会通念に沿って決めているに過ぎない。

あなたが転職を考え、人材ビジネスに携わるキャリアコンサルタントやヘッドハンターたちと関わろうとする際には、大きく二つの観点を持って臨んだほうがいいだろう。

一つは、彼らのようなＨＲ事業者はキャリア情報強者であり、スキル面でも優位な点だ。コーチングのスキルを活用して、相手の話を傾聴し、望む選択肢を提案すれば納得度も高まる。しかし、あくまで情報提供であり、個々人にとって「最適なキャリア選択」であるとは限らない。

もう一つは、転職を考えるあなたも、キャリアを選択し、未来をつくるためのスキルや「視座・視野・視点」の向上が必要である点だ。世界はどちらへ向いているのか、未来にどういった産業が伸びるのか、競争力を持つ会社のポイントは何かと、インプットが欠かせない。

まだまだ「スタートアップのことがわからない」とか、テクノロジー関連業にいながら日本を代表する起業家や投資家のコミュニティに参加したことがないという人も大勢いるだろう。そういった人には、まずスタートアップカンファレンスや勉強会などみんなが集う場所に赴き、参加者たちが何を考え、何を聞き、どんなことが世の中で起きているのかを見てみる。そこで参加者のレベルやモチベーションを体感して、「自分はどう生きるべきか」をインプットしてみよう。

僕を含め、大半の人は労働することなしに生きてはいけない。僕たちは何かしらの職を選んで働き、対価や報酬を得ていく。それらの方法によって社会との関わりも変わり、ビジネスから得られるものによって、自分の仲間や子どもたちに伝えられるメッセージも変わる。

仮に、ベーシックインカムが導入されるほどのパラダイムシフトが起きれば話は別だが、「収入を得て生活する」という方程式が変わらない限りは、人生から「生きる」と「働く」は切り離すことはできない。

だからこそ、僕はあえて「どうせ働くなら」と、「どうせ」をつけて話すが、この世に生を受けている限りは面白く、最高なものにしたほうがいいだろうと思う。どうせ働くなら、良い仲間とともに、良い未来を作れたほうがいい。

その環境下で「やりがい」と「経済合理性」を両立できる策を図っていく。実現するための情報が社会や世界にあるのに、それを知らず、自分だけの狭い尺度で選択し続けているのは、実にもったいないことではないだろうか？

あなた次第で、どんな人生にも切り替えられるはずだ。

世界を見渡したうえで、自分の人生にとって成功や有用だと思える場所へ進めばいい。その中で、あなたにとって日本の古き良き大企業を選択すべき理由があるのであれば、そこで粉骨砕身してもよいだろう。

少なくとも「なぜ生きるのか」と「どのような視座・視野・視点を持って生きるのか」についての考えは深まり、明日からの仕事への向き合い方も変わっているはずだ。

スタートアップで働くために特別なスキルは必要か？

転職支援をしていると「スタートアップで働くことに特別なスキルが要るのか」と、よく質問される。「特別なスキルは必要だ」と答える人と、「大企業で仕事をするスキルとそれほど変わらない」と答える人と、両方の意見がある。僕はどちらかといえば後者の立場だ。

スタートアップに必要なスキルとして、前向きであることや、たくましいこと、積極性といったものが挙げられているのも、よく目にする。

僕は**「よく学ぶこと」がとても重要であると思っている。**

リスキリングも内包されるだろう。もちろん、職種や役割ごとに必要なスキルは当然ある。ただ、スタートアップが置かれているような、毎年どころか、毎日のように知らないことや新しいことに直面し、業界の勢力図もガラリと変わることさえよくある環境では、学び続ける姿勢や習慣がなくては、ついていくことさえできない。

また、国レベルの視点で考えると、「特別なスキル」は今後必要なものではなくなっていくだろう。個人のスキルや特性を前提とする以上に、多くの人材を成長産業に動かせないと、世界とは戦えないからだ。日本のように労働人口が減少している国、スタートアップをキャリアの中心に置いている人が少ない国では、スタートアップ市場そのものが成立しなくなってしまう。

アメリカでは1980年から2010年の平均で、高成長スタートアップが年290万人の雇用を創出しており、これはアメリカ全体の新規雇用の5割にあたる水準だ。日本でも同様のことを起こしていくことを考えると、特別な人だけが進めるような環境では、到底実現できない。

スタートアップが一般化すれば、誰かは勝つし、誰かは負ける環境となっていく。
では、負けたらどうすればいいかといえば、また新しいスタートアップで挑戦するか、そこから大企業などに転じてもいいのである。

現在の日本は、国家全体としては「負け」の流れにあるが、日本を代表する大企業などは比較的まだ「負け度が低い」環境にあるといえる。スタートアップほどの飛躍は難しいだろうが、福利厚生などの面も考慮すると、その人にとっては最適な選択となるかもしれない。

この僕の考えが成立するのは、日本が少子高齢化だからである。少子高齢化で、若年労働力を含めた採用倍率はとても高く、趣味嗜好などを度外視すれば、働き口そのものは見つけ出すことができる状態にある。

スタートアップでは、短期間に集中して努力することが大切

「スタートアップで働く」ための資質が一つあるとするならば、「専心すること」の大切さを挙げたい。

誰しも、目標に対して「やり切ること」を遮ってしまう怠惰な心を持っている。そのうえで、何かしらの物事を目指す旗を立てたのならば、途中でくよくよと考えるでもなく、まずは「無になって、やり切る」ということをすすめたい。

そして、旗を立てるときには「日本一」といった非常に難しい目標設定にすることもいいだろう。本当の「日本一」にはなれなくとも、そこに近づこうとする過程で、何かを成せるようになるかもしれない。

短時間でより高い水準をやり切ったら、人並みぐらいのことはできる。そのうち効率を上げていけると一番になれる。大切なのは、最初から人並みを目指さないことだ。どうせ努力するなら徹底的にやり切る。

また、凡人であった僕自身の経験から言っても、努力は「短期間に集中して努力して、実現できたら1回休む」という階段式のキャリア形成が現実的だと考えている。

多くの人は、長期間にわたって努力し続けようとする。その生き方も真面目で素晴らしいが、とかくその姿勢は疲れるものだ。人間はマラソンし続けられない。そして、一気にやると決めたときのパワーのほうが、伸び率は大きいはずだ。たまたま僕がそういう生き方しかできないともいえるのだが、逆にいえば、僕のような人間にもできることであれば、真似できる人だっていると思うのだ。

スタートアップ転職がキャリアにもたらす、二つのメリット

一歩を踏み出すために、もう少し具体的なメリットを挙げてみよう。

スタートアップ転職がキャリアにもたらすものとして、二つのメリットがある。

一つは、市場的に旬の環境に身を置くことで、人生の推進力を上げられること。企業や事業にも、注目や投資、優秀な人が集まる旬といえる時期がある。アメリカのビジネスパーソンには顕著だが、旬を渡り歩くように数か月単位で職場を変えることも珍しくない。時々で最も自分の能力を高く買ってもらうには、やはり旬の環境に身を置くのが近道だ。

もう一つは、給与面やキャリア形成も含めた総合的な判断がしやすくなること。まず給与面では、スタートアップ群は当然ながら優秀な人たちをより早く採って、その人たちを採るためには外資系の大手ＩＴ企業と争うために報酬水準を上げている傾向にある。スト

ックオプションの提示も含めると、スタートアップ群の就労環境や就業条件はより良い待遇になってきているのも事実だ。

そして、キャリア形成においても転職活動そのものが得難い経験となるだろう。

先日、ある有力スタートアップの役員から、こんな話を聞いた。彼らの会社には日本だけでなく、海外にもエンジニアとして在籍する社員が数多くいる。グローバルでビジネスをするため、必ずしも日本語は話せなくても構わないとあって、海外の優秀人材も集まっている。ただ、アメリカでトップレベルのエンジニアを採用しようとすると、基本的にはより高い給与やストックオプションの付与率を提示して、奪い合いになってしまう。

各社には待遇面の上限がある中で、エンジニアからは「私はこういった経験を積んできた。この会社は、私のこの大事な能力と、人生をかけるべきミッションやビジョンを持っているのか？」と問われるというのだ。

つまり、待遇面で同じ条件になってくると、働き手は「その会社は何を目指すのか、どんな社会や未来を実現したいのか」が最終的な決め手になってくる。

働く際に「やりがい」が理由に挙げられることは多いようだが、僕はキャリアの選択はやりがいだけでは選べないと思っている。必要なのは総合的な選択だ。

昔はスタートアップ群の給与が低く、ストックオプションの制度も知られていなかったが、今は違う。各社のミッションやビジョンがせめぎ合い、実現したい世界観について語り合えることは、職業選択の環境が素晴らしくなったともいえる。

スタートアップ転職の面接は、起業家の想いに直に触れられる、またとない機会だ。

普段なら会いたいと思ってもアポイントさえ取れない起業家から、ストレートな声を聞けたり、あなたの入社を口説いてくれたりする。今までならメディアの向こう側にいるように感じていた人たちとコミュニケーションが図れる。自分がその会社で働く未来を投影して、ワクワクできる場所を見つけられるチャンスでもある。

そういった素晴らしい機会があるにもかかわらず、今、踏み出さないのはもったいないないとも感じてしまう。

そもそも、学校を出てすぐに選んだ職業やキャリアがベストかどうかは、誰にもわからないのだ。十分なキャリア教育を受けていないし、会社を見極める力もない。新卒社員を採らない会社もある。そういった中で「たまたま」見つけた場所から、ベターな選択をしたに過ぎない。一度は社会に出ることで、視座・視野・視点が広がった際に選択できることはまた変わることもあるからこそ、「存分に転職を楽しもう」と僕は伝えたい。

スタートアップを舐めてはいけない

これはありがちな思い込みだが、大企業とスタートアップを比較すると、大企業のほうが人材レベルが高いように感じるケースが多いが、そんなことはない。一般的には変わらないか、勢いのあるスタートアップならば、大企業よりも人材レベルは高いくらいだ。「大企業側でうまくいかなかったからキャリアをリベンジする場所として、伸びているスタートアップへ進みたい」という人が一定数いるのだが、その考えは甘い。スタートアップへ進むためには、今いる場所での成果も重要なのだ。

また、スタートアップが欲しがる人材の一つに「リーダーシップを持っているジェネラリスト」がある。特に目につきやすいのはコンサルタント経験者だ。市場リサーチと分析を重ね、資料を制作し、それをビジネスモデルに落とし込む力もあるため、起業家という観点でも武器になる。

そもそもの能力が高いからコンサルタントになれるわけだが、結果的には、事業を計画することに長けているからこそ、起業家にはコンサルタント出身者が増えるのだともいえる。

大学新卒の方であれば、マッキンゼーやBCGといった名門でコンサルタントとしてファーストキャリアを築くことは否定しない。むしろ良い選択かもしれない。

企業の成り立ちや抱える課題、トップマネジメントの悩みなど、様々なことを体系的に学ぶことは、自分が勝負するときの準備に役立つ。コンサルタントの経験は、経営者の資質やビジネスモデル、将来性などをより深く見ることができ、より良い選択ができるはずだ。

しかしながら、中途採用でコンサルタントとなり、それを最終的なキャリアとして考えるのであれば、もったいないと感じる。外資系の有名コンサル企業にいるような人たちは、その先で起業するか、スタートアップでCxOになるか、ベンチャーキャピタルに転じるかといったように、いわゆる新産業側で大いに活躍できる余地があるからだ。情報感度が高くマーケットを理解している人は、起業やスタートアップやベンチャーキャピタルを選択することが今の時代には多い。

スタートアップに転職する機会は、みんなに平等に開かれている。ただし、自分がチャレンジする機会はあるけれども、みずからが強みを持っている状態で勝負をしないと、確率は上がらない。採用人数そのものが多くない企業が多く、求めているのも単純な労働力ではなく専門性や経験、そして意志を持つ人材だからだ。僕らのフォースタートアップスという企業の規模感でも、１００人の応募があって１人を採用するかどうかで、深く検討するフェーズにある。

それでも、**機会はみずから取りにいかないと得られないのも事実だ。**

情報感度を高くして、世界の「事実」に気づいたからこそ、スタートアップに進む人も増えてきてはいる。入社が叶ったとしても、素養や能力、実績は違えども、全員が「よーいドン！」で新しいキャリアを始める。

素晴らしくグロースする可能性のある旬のキャリアを得にいくのは、僕は人生を前進させることにおいて有力な方法だと思う。

「リーダータイプ」か「スペシャリストタイプ」か

コンサルタントや大企業に所属する人から、「スタートアップCxO」への転職相談についても多く相談される。

スタートアップへの転身を考えるのは、コンサル企業の大量採用により、コンサルタントの数自体が増えていることに加えて、周囲のコンサル出身者の中でも起業やスタートアップ転職で成功する例が増えているからであろう。「自分もどこかのCEOの右腕になって素晴らしいストーリーを歩みたい」という相談がよく来るのだ。

第1章で述べたように、世界のエリートにとって、コンサルはキャリアの最終着地点ではないといえる。

コンサルは、一般的には新しいイノベーションをもたらすよりも、既存事業を改善するものが多い。また、自分自身が実業に関わり、経営に大きなディシジョンメイクを行う機会もあまりない。ただし、一般的に能力が高い人材が進むキャリアであることは事実であり、その中にはリーダーとなり得る人材も含まれる。

そこで、僕はこのようによく問いかける。

「あなたのように能力が高い人は、大企業の改善をするより、より早いタイミングでリーダーとして、社会や未来をアップデートするイノベーションのために力を使ったらどうか?」

日本では、リーダーシップがある人すら、自分の可能性を限定してしまっている。「知らない悪」に陥っている人が、コンサル業界でも非常に多いのである。

コンサルタントからの転職先やポジションは様々だ。リーダーシップがあれば、CxOの職に就けるが、リーダーシップがなければ、いくら賢くて偏差値が高くてもCxOの職は無理である。何より重要なのは、リーダーシップなのだ。だからこそ、コンサル出身者に限らず、自分は「リーダータイプ」か「スペシャリストタイプ」かをしっかり見極めるべきだろう。

見極めるためには、二つのポイントが挙げられる。

一つ目は「再現性があるかどうか」である。過去の実績にないことは再現もできない。同期が自分より先にマネジメント職に就き、ヒューマンマネジメントの経験がないのであれば、他者からの評価で「リーダータイプではない」と判断されるだろう。果たしてこれまでリーダーシップを発揮してきたか、それともスペシャリストとしての道を歩んできたかを振り返ることが重要だ。他者の評価は案外に正しいもので、過去の実績があるかどうかで、自分がどちらのタイプに向いているかが見えてくるきっかけにはなる。

二つ目は「自分が得意なマネジメントスタイルを考えること」である。マネジメントのスタイルは様々だ。僕でいえば、ストレートなヒューマンマネジメントやマイクロマネジメントは苦手なのだが、ビジョンや戦略を提示し、それを実行するためのチームを組織することは得意な方だと自負している。そうなれば得意な人を引き入れ、実行してもらうスタイルに落ち着く。あなたのマネジメントが生きるチームを知るためにも、自分の得意なマネジメントスタイルを理解することは欠かせない。いずれのスタイルをとる場合でも、他者が「担ぎ上げたい」と思ってくれるような行動や人間性も大事だ。

「リーダータイプ」か「スペシャリストタイプ」か。どちらかによって、キャリアの選び方はかなり異なってくるが、スペシャリストであっても「私はＣｘＯになれるのではないか」と勘違いしている人がよくいる。

リーダーとして人をまとめられれば、自分に専門的な能力がなくても、スペシャリストの能力を組み合わせて課題を解決できる。それに対して、スペシャリストというのは、ある意味、自分の能力で課題を解決できる人なのである。発揮される領域が違うことは心得ておきたい。

また、ＣｘＯへの転職は、縁とタイミングが大きく影響する。

コンサルの中には、月に数百人採用している企業もあり、様々なポジションがある。しかし、スタートアップのＣｘＯ職はポジションが少ない。

ＣＯＯも１人であり、ＣＦＯも１人である。しかも、そのポジションが空いているかどうかは縁とタイミングで決まる。スタートアップやエージェントの人脈を持ち、マメに情報収集をしないと、そのタイミングを逃すことになってしまう。トップクラスのベンチャーキャピタルに直接質問できると強い。そうした知り合いが複数いればベストだろう。

スタートアップの状況によって求められる人も変わる

かつてスタートアップは特に20代、30代を中心に率いられてきたが、そのイメージはいまだ先行しているようだ。確かに、そういった企業文化を維持するために若い人たちを採用したいというニーズもあった。

若い人たちで大学のサークルのようにつくる会社もあれば、プロフェッショナルな人たちが集まり、再現性と責任感で大勝負をかけるケースも当然ある。その点では、文化を維持することだけを重視するフェーズにおいては同質的な人たちを集めるだろうし、そこからグロースフェーズに入ると、もっと多様な人たちを集めたほうが採用も組織運営もうまくいく。

企業課題や、様々な課題の解決のためには、その多様な視点が必要だからだ。たとえば、メルカリのような規模感となると、年齢層もキャリア層も幅広く採用して、組織化している。

本人のキャリアや経験があって、適合するカルチャーさえあれば、スタートアップにおいても年齢による縛りは以前よりも少なくなったといえる。何かしらのスペシャリティを持っている人であれば、全体的な年齢が若い人の多いスタートアップであっても迎え入れるケースも増えている。

一人の経営者としては、現在の少子高齢化で、若年労働力が非常に少なくなっていく労働環境からすれば、長期的に働いてくれる若年層の採用は続けつつ、市場労働者の年齢構成バランスからいっても、意識高く働いてくれる年長者がいるならば声をかけることは十分にあり得る。それは自分たちの事業戦略や採用戦略からしても有利に働く。なぜなら年齢に縛られて採用計画がうまくいかないのであれば、今よりも年齢層を幅広くとって、ともに戦う判断をしたほうが、より早く成長できると思うからだ。

スタートアップが日本に増えれば増えるほど、若年労働者は採れなくなる。そう考えると、現在の年齢が30代、40代、50代以降であっても、本人の経験や資質が伴ってさえいれば、よりスタートアップに転じられる可能性は高まっている。

また、スタートアップの規模によっても、求められる人は異なる。

スタートアップは最小1人から始まり、社員数が10人、100人、1000人と拡大していくが、そのスピードが一般的な企業よりも早いことが特徴だ。それぞれのフェーズをクリアし、次のフェーズへ移行したときに、みずからをその規模に適した振る舞いに変えられる能力を持つ社員がいる一方で、「自分に適した働き方ができる規模感を好む」という社員もいる。

こういった組織拡大の課題があることを踏まえると、経営者としては、それぞれのフェーズで起きうる課題解決の再現性を持っている人を迎え入れたほうが、成功確率が高まると考える。そのため、組織の規模が拡大していく中で、「複雑性のある課題を解決したことがある」「拡大に際して起きうるストーリーが予測できる」といった経験を持つ人を採用したいニーズが最近では高まってきてもいる。

僕らが採用を支援した例に、大手コンビニグループのトップマネジメントを務めていた人が、成長著しいスタートアップに参画した事例がある。スタートアップからすれば、全国に展開するような規模感のマネジメント経験者は、今後のさらなる拡大期においても頼もしい存在となってくれると考えたのだろう。

あなたがスタートアップに転職しようと考えるのであれば、自分が持っている経験やキャリアの棚卸しをしながら、それらが「どのフェーズのスタートアップに適するのか」を一度、考えるといいだろう。

「そのスタートアップが、今後どういったフェーズに進む可能性があるから、自分の経験が生きるはずだ」と表明することは、内定を得ることや、自分が望むポジションの設定にもつながってくるかもしれない。そのあたりを求職者も採用側も理解することで、フェーズとキャリアのマッチングを図りにいくことは、とても意味のあることだと思う。

フォースタートアップスで行う採用支援は、まさにこういった点にも生きてくることがある。僕らの仕事はキャリアを選択するときに、相談者と現状を俯瞰したうえで「こういう考え方もあるはずだ」と壁打ちをすることにもある。引いた目線で考えを伝え、異なる可能性を提供することで、今までにない選択肢が頭に浮かぶことも多い。

大企業の新規事業という選択肢の問題点

大企業から転職しなくても、「大企業内の新規事業や子会社でイノベーションを起こせば、社会へのインパクトが大きいのでは？」といった意見もよく聞く。

大企業からイントレプレナー（社内起業家）が生まれることは素晴らしいが、インセンティブ設計に大きな課題が出てくる。たとえば、大企業子会社が立ち上げに成功した後に、カーブアウト（分離独立）して、ベンチャーキャピタルやファンドなど外部のリスクマネーを入れると、株式上場やバイアウト（その企業の経営者や従業員が買収する）という形でイグジットを目指すことになる。

当然、起業家側は、意思決定の権限や個人のリターンを高めるために、会社の株を持ちたがるだろう。しかし、親会社側では「なぜこの人だけにチャンスを与えるのか？」という議論も出てくる。上場会社の取締役会として、合理性を判断するのが難しいからだ。親会社のリソースを使った子会社のイグジットで個人が利益を得ることの正当性も問われる。個人が社長や幹部を上回る株式報酬を得た場合、会社の秩序も崩れてしまいかねない。

だからこそ、「イントレプレナーの株式保有をどれだけ認めるのか」「どんなルールを設定して挑戦させるのか」がキーになってくる。社内メンバーの起業を奨励する会社もあれば、副業すら認めない会社もある。イントレプレナーを目指すにしても、会社のルールや方針によって、個人の選択は大きく変わってくる。

イントレプレナーであっても、スタートアップへの転職であっても、選択する前後で変わらなければいけないことがある。

それは、一生懸命に働くのはよいが、自分がただ雇われているだけの存在であってはならないということだ。自分も含めて社員みんなで「いかに良い会社にしていけるのか」を考え、雇用環境や事業環境はともにつくるものとして、実践していくことが大切だ。

既存の大企業でそんなことを言い出すと、なかなか叶わなかったり、目の上のたんこぶになったり、あるいは労組や春闘などで扱う問題に発展したりするかもしれない。数万人、あるいは数十万人の意識を変えたり、仕組みや制度を整えたりするのは非常に大変なことだが、スタートアップは数人から始まり、数十人になり、数百人になり、数千人になるという過程の中で、みずからの影響度をより発揮できるのだ。課題が出たなら、その課題の解決により早く努めればいい。

ただし、スタートアップといえど、自分にとって良い職場環境が整っているとは限らない。移った先があまりにひどい環境ならば、転職することも考え、そこに固執する必要性は一切ない。もっと可変的な環境があるならば、その場を前向きに変えて、自分にとっても社会にとっても良い場所にしていくこと。

その努力ができる場所がスタートアップなのだとも僕は思っている。

スタートアップで働く「前」に始められること

①インプットを変える

スタートアップで働くうえでも、今後の日本で生きるうえでも、「視座・視野・視点を高めるためのインプット」が大事になる。では、何をもってそれが可能になるのか、またどういったインプットをするべきなのかを見ていこう。

まず、僕自身の経験から振り返ってみたい。

僕はもともとスタートアップのことをまったく知らずに働いてきた。あるとき、たまたまSNSで、ある起業家が「今日は経営会議にベンチャーキャピタリストが来ます」という投稿を目にした。僕はすぐに連絡をして、「この人に会いたい」と取り持ってもらい、実際に会って20分ほど話す機会を得ることができた。そこで「ともに日本の未来をつくりたいけれど、僕自身は何もまだやれていない。ただ、僕には意志があり、挑戦すれば可能性があるかもしれない。だから、1カ月に2回ずつ、1年間は食事をおごり合いませんか」と持ちかけてみたら、相手が快諾してくれた。

その相手は、たまたま日本最高のベンチャーキャピタリストとして名高い一人だった。実際に1年間、食事をともにして「最近見聞きし合ったこと」について話し合うことになった。日本について、世界のトレンドについて、現状のスタートアップの問題について……時に業界内のゴシップなどの他愛ない話も交えながら、1時間の食事と、その後にお茶をしながらまた1時間。豪勢な食事でもなく、それこそ800円のラーメンの後に、ドトールコーヒーショップで250円のコーヒーを飲んでいた。1年間でお互いのこともわかり、また自分が知らなかった多くのインプットを得ることができた。結果的に僕は日本でもトップの実践を持つヘッドハンターになれたのだ。

この1年間の取り組みは、僕にとって大きな意義があった。会って話すことが決まっている以上、自分から話のネタを持っていかないと関係がいつ途切れてもおかしくない。相手からすれば、人としての魅力も話の内容もつまらない人になれば、この定例会はいつなくなってしまってもよいものになる。インプットとアウトプットを常に繰り返せたのも大きかった。

僕という存在は身一つで、持っている時間は24時間365日。相手もまったく同様だ。僕が常に相手にお願いしていたのは、「一緒に取り組むことがお互いにとって一番にメリットのあることだからやりませんか」ということだ。そして、お互いでちゃんと「やり切った」と思えれば次に進んでいく。

水は上から下にしか流れない。だから、自分にとって**一番大事で、一番影響力のあることから始めることが大切だと思っている。枝葉ではなく幹になることに取り組む**のだ。


僕にとっては今の仕事は、いわば「役得」であり、インプットの場になっている。

直近も、僕は子会社のベンチャーキャピタルの投資委員会で、経営者たちと現状の課題や支援策について話し合っていた。そういう機会があると、経営者は何に関心を寄せていて、どうやって進化していくのかといった話が日常的になる。こういったことは教科書に載っているものでもない。

さらに代表的なスタートアップカンファレンスに参加し、起業家や投資家の考えにも触れる。日本の代表的な経済団体にも属していて、体系的に社会や企業のトレンドと未来が向かう先を知ることができる。そして、それを構成しているメンバー、構成しているスタートアップ群がつくる未来と、現状で直面している課題も理解していく。

そのように情報のインプット源をたくさん持っていることが、今の自分につながっている。過去の歴史やディシジョンを学ぶこともやるが、「今、社会で何が起きているのか」を取得するための情報源を持つスタイルだ。

②ペインを乗り越える

人はいつでも変わることができる。

それは実際に僕自身も変えられたし、変わったと思っていることが大きい。変わるためには機会や環境の問題もあるが、最初は「ペインを乗り越えようとすること」がきっかけの一つになると、僕は思う。ペインとは、強い課題感のことだ。

また僕自身の経験だが、20代の頃に「借金を返さなければいけない」という現実に直面したこともあれば、自分が「知らない悪」にすっかり毒されていたこともそうだ。「自分が負けている理由はインプットが足りていないからだ」とか、「現状がわかったのに課題解決にも努めない自分は駄目だ」とか、いろいろなことを考えた結果として、「自分がやらなければならない」と心に炎が燃えたのだった。

こうして自分がやるべきことだと決めて、内発的な動機ができると、人は何をしてでもやろうとする。それに、他者から言われたことだけをこなせる人もいるが、僕からするとそれだとパフォーマンスが十分に発揮できず、その生き方はとてももったいないとも感じる。

やはり**みずからが意志を持って動くことで、人は変わっていける。**

投資家が起業家を見極める目の一つに「なぜ、その人が、それをやる必要性があるのか」という観点がある。その理由がつながるからこそ出資ができるのだ。起業すれば心が折れることなんて毎日あるものだ。それほど大きくない課題から大きなハードシングスまで、規模を問わず日々起きている。僕だって心が締めつけられて、逃げたくもなる。それに、逃げたいと思うのは誰であっても持つ感情だろう。

しかし、それでも「やる」と決めたからこそ、その仕事から降りないし、自分の心を強くしてでも折れずに進むことを選ぶことができる。僕自身にリーダーの経験はそれほどないが、起業してフォースタートアップスを経営してきて、初めてそういったものが養われてきた気がする。だからこそ、みずから決めた強い動機の重要性が、身にしみてわかる。

③自分を知る

キャリアの選択とは、自分の「際（きわ）」を知ることでもある。

誰にも最大の可能性とチャンスがある。けれど、転職をはじめとしたキャリアへの評価は他者がする機会が多いものだ。**評価を受ける機会を持つことで、今の自分の立ち位置や、社会との境界線といったものが見えてくる。**

実際に転職面接を受けてみてもいいし、転職エージェントをはじめとする人たちへ相談してみるのもいいだろう。そのように自分の市場価値を知ろうとする際に、転職エージェントを使おうとするのであれば、エージェントのランキングが上位の人に聞くといい。上位には上位の、下位には下位の理由があるものだ。

また転職オファーをもらったからといって、必ずしも転職をしなければならないわけではない。現職でのストーリーと、新天地でのストーリーを天秤にかけて、どちらが良いかを図ってみる。これまでにいただいた縁や恩を重視して、やはり今の場所でともに戦ってより良い未来をつくったほうが良いのか。はたまた外のほうが自分の人生に責任を持って、もっと前向きなストーリーがつくれるのか。そうやっていろいろな判断をしていく中で、初めて自分がわかることもある。

もし「転職をせずに、現職を続けていく」と決めたときにどうすべきか。僕はこの過程こそが大事だと思う。そう決めたのであれば、現職で最大値に脇目も振らずに頑張ることである。

④旗を立てる

僕はインテリジェンス創業者である起業家の宇野康秀さんの影響をずっと受けている。インテリジェンスという会社と出会ったとき、宇野さんは、「僕らは人的インフラを構築し、日本の成長に寄与するんだ」といったメッセージを出していた。まだ彼が30歳のときのことだ。

会社説明会で一生懸命に語る姿を見て、僕はファーストキャリアを宇野さんと歩む選択をしようと決めた。

僕は、日本の再成長を実現するために、スタートアップ支援という巨大な産業が必要であり、そのイニシアチブをフォースタートアップスとして獲ろうと言っているわけだから、僕と宇野さんとはとても近い発想だと思っている。

ただ、このように思えるようになったのも、40歳を過ぎて日本の「知らない悪」と対峙してからのことだ。

僕がインテリジェンスで転職サイトDODA（現doda）を立ち上げたのは、リクルートに対抗するためであった。当時のリクルートには転職サイトの「リクナビネクスト」と人材紹介の「リクルートエージェント」という2つの事業が存在していたが、リクルートではこの二つの事業が連携していなかった。DODAは、転職サイトと人材紹介が連携した中間商材として、勝ちを狙ったモデルだった。

そのときの僕は宇野さんのように、また今の僕のように、インフラや日本の再成長といった話はしていなかった。しかし、40歳を過ぎてから、日本の社会や構造とその課題を知ったときに、人的インフラがとても大切で、チャンスと可能性しかないのに、あまりに目が向けられていないと感じた。「知らない悪」に染まって、課題解決に向かえていない自分の人生を恥じたところから、フォースタートアップスは始まっている。

世界を見渡せば、起業家が人類にイノベーションを起こし、未来のアップデートも行えるという素晴らしさを見て、「同じ人間が手掛けているのならば、日本人にだって実現できるはずだ」と僕は思った。ただ、日本にはそのための情報を持ち、「視座・視野・視点」を変化させられる人がいないから、僕自身がエバンジェリストになろうと決めた。

そして、「あなたは僕よりもすごいのだから、頑張ったら絶対に成功できる。頑張れよ！」と背中を押して起業させたり、スタートアップのCxOにアサインメントしたりを続けてきたのが、フォースタートアップスの基礎になっている。

スタートアップ転職における家族の説得方法

あなたが自身のキャリアを自分だけで決められるのであれば、すぐにでも行動を始めていくことをすすめたい。一方で、すでに所帯を持っているなど、転職に対して超えなくてはならない理由がある場合の、僕なりの考え方を伝えよう。

代表的なところでは、「スタートアップ転職を決意した後の、家族の説得方法」である。特に、安定を感じやすい大企業からスタートアップへ転職する場合に、家族からの反対を受けるケースはよくある。

僕がすすめているのは、3年から5年の家庭P／L（損益計算書）と家庭B／S（貸借対照表）を作成してみることだ。できれば家庭キャッシュフロー計算書もあったほうがいい。作成した家庭P／L・B／S・キャッシュフローを用いて「転職の経済合理性」を説明していく。

転職を考える場合、どうしても直近1年の年収の振れ幅を考えてしまいがちだ。そのため、「今より給料が下がるのはダメ」という理由で家族から反対されることも多い。

確かに、大企業からの転身であれば、年収は下がってしまうケースのほうがまだ多いだろう。ただ、近年はスタートアップの給料水準は急上昇しているため、大企業より水準が高くなることもある。

トップのスタートアップ群は、一般的な中小企業とはまったく異なるため、給与水準もアップしている。いずれにしても、現職であなたの実力が発揮され、評価された年収が妥当なものであれば、同様の条件の提示を受けることも珍しくなくなってきた。要は、実力に見合えば、それなりの給与水準を出してくるはずだ。

だが、まだまだ「知らない悪」がはびこる日本では、家族や友人などのスタートアップに対しての理解がない場合は、危ういイメージを持たれてしまうこともあるだろう。

そこで、作成した家庭P／L・B／S・キャッシュフローで「転職の経済合理性」を説明しながら、時間軸を直近1年間ではなく、5年ほどの期間に伸ばして説得をしていこう。

スタートアップに転職する場合、一生涯を同じ企業で過ごすことは少ないはずだ。上場しているテック企業の平均勤続年数が4年強のため、一度は5年で期間を区切る。企業にもプロダクトやビジネスのライフサイクルがあるため、その5年間をベストなサイクルに当てていく。

たとえば、以下のように問いかけてみよう。

「現職だと給与報酬が700万円×5年で3500万円。スタートアップに行くと600万円×5年で3000万円。でも入社から5年後に上場したら、スタートアップならキャピタルゲインが5000万円近く入る可能性がある。どちらのほうがいいだろう？」

会社の事業計画と同じように、楽観シナリオ、標準シナリオ、悲観シナリオを作り、5年後のみずからのポジションや企業価値に応じて、どう家庭P／LやB／S・キャッシュフローが変わるかを家族に示すのも一案だ。

不安を抱える家族を本気で説得したいのであれば、これくらいの努力は必要になるだろう。そうすれば、当初は反対していた家族をうまく説得でき、応援さえ得られるかもしれない。

パートナーにあなたがまず伝えるべきことは「自分は今後、もっとやりがいに燃えていきたいから、もし良いオファーがもらえたら、一緒に判断してほしい」と最初に共有しておくことだ。

転職活動の結果も共有することで、パートナーにも転職活動を間接的に体験してもらい、ともに進めるように動いていく。家族にとっても大事な選択だから、常に共有しながら動くことだ。

家族の説得も、つまるところは「交渉」であり、あなたにとっては大切な仕事に他ならない。お客様や社内の同僚をはじめ、自分が関わる環境の人たちをステークホルダー(利害関係者)だと捉え、その人たちへ自分の生き方を説明するのも仕事のうちといえる。

さらに「スタートアップ転職によるキャリア価値の向上」もしっかり家族に説明すべき点である。

大企業一社に勤め続けた場合と、大企業からスタートアップに転職して活躍した場合では、どちらのほうがキャリアとしての価値が高まるのか。言わずもがな、日本のみならず世界基準で見ても後者である。

また、大企業から「成長力の高いスタートアップ」に転職した場合と、「成長力の低いスタートアップ」に転職した場合では、どちらのほうがキャリア価値が高まるのか。これも、言わずもがな、前者である。

つまり、スタートアップ転職でみずからの価値を上げるためには、成長力の高い、勝てるスタートアップに進まなければいけないのだ。では、どういったスタートアップなら「勝てる」可能性が高いのか、どうすればその候補を見つけられるのか、という見極めについては次章で改めて深掘りしていく。

パートナーと一緒に挑戦するのも手

あるいは、夫婦共働きの場合は、揃ってスタートアップに転身することも考えていいだろう。実際、僕のもとにも夫婦で転職相談に訪ねてくることがある。

そんなとき、僕が必ずお伝えするのは「ポートフォリオのバランスをどのようにとりますか？　どちらも勝負するのか、それとも片方は守りにしますか？」ということだ。

それぞれの人生を鑑みて、夫婦二人とも優秀であれば「攻めのスタートアップへ進んだらいい」と提案するかもしれないが、本人の性格や長期的な目線に立つと、そういった選択に及び腰になる気持ちもわかる。そこで、投資のポートフォリオと同様に捉えて、リスクとリターンの観点からキャリアを組んでみるのだ。

たとえば、二人揃ってスタートアップに転身するとしても、片方がキャピタルゲインも望めるアーリーステージで勝負をして、片方は成長性や経験を考慮してレイターステージの企業を選ぶ、といった検討ができる。とはいえ、大企業からの転職で、現在はスタートアップ経験者のほうがキャリアの選択肢も広いことを思えば、転身にかかるリスクはほとんどないといっていい。

あなた自身、そして家族にとっても、そもそもは日々良い顔をして仕事をして、良いモードで生きられることが大切だ。子どもがいるのであれば、スタートアップに挑戦する親の姿を通して、挑戦することへの意義を示し、社会に「知らない悪」が広まっていること、そして未来をみずから切り開くことの大切さも含めて伝えられたのなら、とても素晴らしいことだと思う。それも親の役回りであり、手渡せることの一つではないかと、僕は考える。

また、今は家族がいない人でも、転職前に3~5か年計画を見てみることはすすめたい。「30歳からの5年間はこのスタートアップ、その後の5年間はCxOになっていたらそこで働き続けて、そうでなければ別のスタートアップに行くか大企業に戻る」というように5年タームで考えてみると、転職にも臨みやすくなる。

終身雇用の大企業の延長で「一生、転職先のスタートアップで働く」と思うから、転職を大げさに考えて怖くなってしまうのだ。これからの人生で「知らない悪」を乗り越えたあなたは、転職を複数回していくことは当たり前の選択となるだろう。

改めてにはなるが、家庭P／L・B／S・キャッシュフローの作成は、あくまでスタートアップ転職に対しての一側面でしかない。それらをはっきりさせることで、シミュレーションを行って、今後起きうるパターンを確認することは有効だと思うが、それだけが可能性のすべてでもない。ただ、これらの取り組みは、不確実な未来の可視化につながるはずだ。

住宅ローンをどうするか

もう一つ、転職の際にネックになるものといえば、住宅ローンである。

まず住宅がどうしても欲しい人は、大企業を退職する前に住宅ローンを組むべきだ。未だ残念なことに、スタートアップに転職するとローンを借りられなかったり、条件が悪くなったりする恐れがある。

ただ、2023年5月末に、きらぼし銀行と株式会社MFSが連携し、スタートアップの役員・社員向けの住宅ローン商品の提供をスタートさせた。現在の収益よりも成長性が考慮されるため、赤字企業であることの多いスタートアップであっても審査対象になるだけでなく、転職して1年未満であっても審査可能だという。こういった新サービスの利用も検討してみる価値はあるだろう。

すでにローンを組んでいる人は、改めて「それほどマイホームが大事か」とみずからに問うてみてもいい。販売価格が落ちていなければ、ローン返済中のマイホームを売ってしまって、一度は身軽になるとネクストステップに進みやすくなる。なぜなら、これも前述のように、キャピタルゲインが望めるスタートアップで成功を収めれば、長期ローンではなくキャッシュでマイホームを買える可能性だってあるからだ。大企業のような給与形態の場合は、遺産相続や親の援助でもない限り、長期間ローンで住宅を買うケースが大半だろう。ローンという見通しの悪い大きな借金を背負うよりも、そのほうが気も楽というものだ。

そのためにも、ストックオプションが入社後の貢献に応じて、フェアに配分される企業を選びたいところである。

まずは、スタートアップに触れる環境へ飛び込もう

もう一つ、転職を考える際にすすめたいことがある。

転職支援で関わる際に、「スタートアップに転職したい」と言いながらも、その実態や実情を知らないままという人が意外にも多い。まずは、スタートアップに触れる機会を持ってもらいたい。

僕がすすめるのは、スタートアップ向けのコミュニティに参加したり、カンファレンスでサポーターとして携わってみたりすることだ。

そこでは起業家や投資家がプレゼンをしており、それをまた他のプレイヤーが聞きに来る。会場には、起業家、投資家、企業のCxOクラスの人やメンバーがたくさんいる。彼らがどういった表情で声を発し、話を聞き、どのように仕事に対して向き合っているのか。今までに聞いたことがないような話が聞けたり、ものすごい熱量を感じられたりするとい

った体験もできるだろう。

業界にはどういったプレイヤーがいて、どんな課題が今あって、どんなことを目指していて、世界との差は何なのか。そういったことが当たり前のように語られている場で、今まで知らなかった自分がそれらの情報に触れたときに、どう思うのかを体感してほしい。

そこで怖気づくことはまったくない。会場の誰もが、あなたと同じく、一人の人間であることには変わりないのだ。

そうして会場で見た景色や人たちを前に、「自分にもできるのではないか。後天的に努力し、挑戦した結果がスタートアップなのであれば、自分も目指したい」と思えれば、まずは第一関門はクリアといえる。

カンファレンスの参加者ではなくサポーターとして関わることをすすめるのは、一般的には経営者・投資家向けに想定されている会も多く、一般社員では参加することができないものもあるからだ。

「自分の価値観を揺さぶる人」と出会える機会を持つことは、とても重要なことだ。心から「すごい」と思える人は、必ずしも今、成功を収めている起業家ばかりではない。今はまだ時価総額が小さくとも、社会に価値のあることをやり続けている起業家など、その挑戦の姿に影響を受けることは、少なくない。僕自身も挑戦して大変さがわかるからこそ、一人の経営者として社員を率いることの難しさ、そしてそれだけの現実を引き受ける強さを知ることもできる。

また、僕はそういう人に会えば会うほど「まったく違う人間がやっているわけではなく、目の前にいるのも同じ人間だ。自分と同じ人間なのに、何が差を生んだのか」と考え始める。これも大事な思考サイクルの出発点となる。同じような年齢や背格好、あるいは境遇にあったにもかかわらず、どういった差が、なぜ生まれたのかを見つめざるを得なくなる。

もし、つてをたどって、スタートアップ業界の人とつながることができるのであれば、それもいい。ただなかなか環境として難しいだろう。それゆえに、みずから参加できるカンファレンスのサポーターなどを通じて、スタートアップのエコシステムをつくろうとするビルダーのような役割の人たちと会話をしていったほうが、より良い選択になる可能性があるはずだ。

第3章

どのスタートアップに転職すべきか

ここまでスタートアップについて話してきたが、「スタートアップ」といっても様々な企業があり、企業が置かれているステージ（投資ラウンドやフェーズともよくいわれる）も様々だ。転職を志す際にも「スタートアップならば未来がある」と闇雲に意思決定してしまわないほうがいい。

そこでこの章では「どういったスタートアップを選ぶべきか」について、僕なりの見方とノウハウをお伝えしたい。

Q スタートアップのステージとは何か？

A スタートアップには5つの成長のステージがある。まずは各ステージを理解していこう

前提知識として、一般的にスタートアップ企業は、創業、シード、アーリー、ミドル、レイターという5つのステージがあり、その後イグジットと成長していく。

多くのスタートアップは、プロダクトやサービスの可能性を確かめながら、事業を継続していかなくてはならないが、成長過程ではまだ売り上げを立てることができず、外部からの資金調達が必要となってくる。そこで投資家たちは、スタートアップ企業に資金を提供し、その見返りとして株式を取得することで、将来的な成功に対するリターンを得るこ

図5 スタートアップの成長ステージ

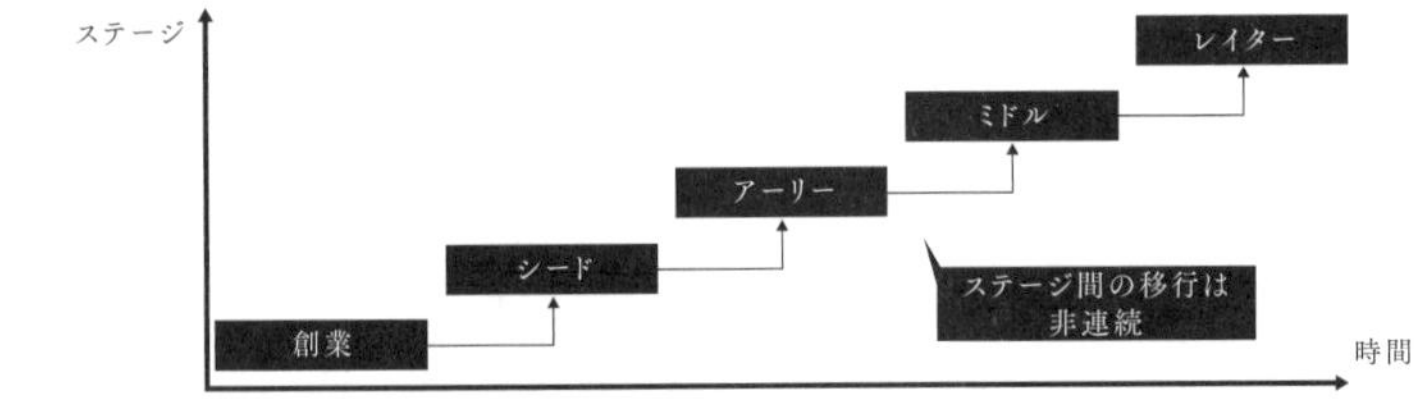

ステージ卒業要件	ニーズ特定／事業コンセプト確率	プロダクト開発・初期セグメントでのPMF	ユニットエコノミクス・スケーラビリティの確率	単月黒字化・規模化や事業拡張への着手	ガバナンス整備 IPOマーケティング
組織規模	1-2人	3-5人	10-20人	30人～	50人～
必要資金	200-300万円	2,000-3,000万円	1-3億円	3-10億円	10億円～
投資家	自分・家族	エンジェル・VC	VC	VC・事業会社	VC・事業会社・上場株投資家
投資ラウンド		プレシリーズA・シリーズA		プレシリーズB シリーズB	シリーズC以降

出所:GLOBIS CAPITAL PARTNERS 野本遼平氏より。一部改変

とができる。

投資を行う際、スタートアップ企業は「投資ラウンド」を設け、それぞれのラウンドで異なる投資家や投資条件を受け入れることが一般的である。

投資家との契約内容や株式価格、希望するリターン率によって、それぞれのラウンドで異なる投資条件が設定されるため、スタートアップ企業にとって最適なタイミングや条件を選ぶことが重要なのだ。

最初のシードでは、起業のアイデアを具現化するための資金調達が行われる。

次に、アーリーステージでは、市場へ投

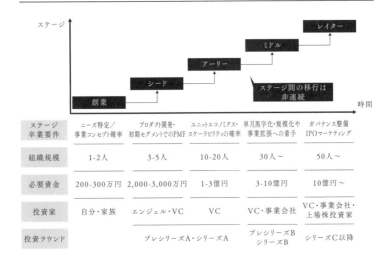

入するためのプロトタイプ開発が行われ、提供するサービスの可能性や方向性を固めていく。この時期の投資ラウンドをより細かく分けて、「プレシリーズA」や「シリーズA」とも呼ぶ。

事業が軌道に乗り始めるとミドル（プレシリーズB、シリーズB）に入り、事業の拡大や市場シェアの確保を図る。そして、レイター（シリーズC以降）では業績の安定化や事業の収益性を高めるための資金調達も行われる。

そして、イグジットでは、株式の新規上場（IPO）や、M&Aによる事業会社への売却という形でより大きな成長や安定化を目指していく。

現在は、日本でもスタートアップ投資が盛んになってきており、海外からの機関投資家も入ってくるため、資金調達額も以前よりかなり大きくなっている。スタートアップの資金調達環境は年々良くなっており、海外ファンドやビジョンファンドの日本参入がそのトレンドに拍車をかけている。

一方で、2022年にはスタートアップの投資環境がアメリカをはじめとして冷え込んだこともあり、2022年はアメリカで26兆円、2023年は12兆～15兆円と見られている。その影響もあって、2021年～22年頭までは約12か月分の事業継続資金を投資ラウンドで得ることが多かったが、今は約24か月分以上の調達が多くなっている。また、エクイティ調達（株式発行による資金調達）ではなく、企業価値とは連動しないデット調達（金融機関などからの借入）が増えており、日本でもメガバンクや地銀はスタートアップ向け融資のチームを組成して、拡大している。

ただ、ラウンドが長くなったことで、企業側としても運営するコストが半減するため、急ピッチでの成長を短期間で目指すよりも、企業としての生きる道を模索しながら、マネタイズに落ち着いて取り組んでいくようなケースも増えてきた。ビジネスの在り方や規模感、スピード感は明確に変わってきている。

今、勝てるスタートアップをちゃんと見極めることができれば、のちにその会社が大企業へ変わっていく可能性も高く、たとえ大企業からの転身といっても恐れることはないだろう。もっとも、それだけの可能性がすでにわかっている企業であれば、採用人数もそれなりに多く、キャピタルゲインを得られるような旨味も少ないかもしれない。

目に見えて強いスタートアップを選ぶだけでなく、将来性があり、「これから伸びる」という会社を志望することも考えなくてはならない。

Q どのステージで転職を狙うといいの？

A 上場前のシリーズA、Bのスタートアップをおすすめしたい

スタートアップも、創業したてのシードラウンドから、1回目の大型資金調達を終えたアーリーラウンドのシリーズA、2回目のミドルラウンドのシリーズB、上場直前のシリーズなど千差万別だ。最近では、上場後のスタートアップへの転職も人気になっている。

そうなると、「どのステージにいるスタートアップに転職するといいのか」という疑問が僕にもよく寄せられる。

この問いに対する僕の答えはシンプルだ。

上場前の企業、特にシリーズA、Bあたりのスタートアップを狙うのが、最も賢明だと思っている。

つまり、上場直前や上場済みの企業ではなく、まだ企業価値がそこまで高くないが、そこから一気にバリュエーションが上がるポテンシャルを持っているスタートアップを狙いたい。変革に関われるチャンスも大きく、意義のある経験も得やすい。

スタートアップ企業が成功するためには、自社の商品やサービスが市場に需要のあることが必要不可欠である。そのため、プロダクトやサービスが市場に適合しているかどうかを確認しなくてはならない。この市場適合性を確認するために用いられる指標の一つがPMF(Product-Market Fit)である。

PMFが実現できている実績があれば、その後の市場でも成長していくことが期待できるため、転職後、うまくいく可能性は上がるだろう。

また、シードやプレシリーズAなど初期スタートアップに転職する際の条件を挙げれば、自分の身の回りにいる圧倒的に優秀な人間で、リーダーシップがある人の起業であることだ。自分の現状と天秤にかけて、**「この人と一緒に乗った船が沈んだとしても後悔はしな**

い」と思えるようなら、飛び込んでもいいかもしれない。あるいは、創業者が圧倒的なシリアルアントレプレナーであれば、再現性が望める。ただ、いずれにしても成功確率は低い。資金調達した企業であっても株式上場する確率は1％以下であり、上場するまでの期間はＩＴ関連でも平均で10年以上かかっていることは、念頭に置いておきたい。

そういったリスクとリターンを踏まえても、転職であればシリーズA、Bのスタートアップに魅力があると僕は考える。

シリーズCや以降のラウンドにいるスタートアップは、株式上場の可能性こそ上がるが、配布されるストックオプションの比率が下がる可能性が高かったり、そもそも付与されなかったりするかもしれないので、報酬的な旨味が少ない。

シリーズA、Bのスタートアップに飛び込む自信や勇気がないのであれば、シリーズC以降でもいいかもしれないが、対価は大きくならない。その際は、シリーズC以降といったスタートアップで得られる経験をもとに、再度、よりシリーズの早いスタートアップへの転職を考えるという手もある。

今後、スタートアップの経験は世界的にも「勝つ」選択である。成長企業の文化や速度を知り、マーケットを理解するためであれば、レイター企業を体験するのは悪い選択ではない。

「なぜ、この会社が成長してきたのだろう」「経営陣がどういった発信をしているから人が集まるのか」といった観点から、自分が属していた会社との違いを理解していくことで、スタートアップが強くなるためのポイントを会得していくこともできるかもしれない。

そして、自分で会社の文化や制度を作ることに携わり、技術を発展させていくような、自分の影響力を行使できる醍醐味を得られるのは、よりアーリーラウンドにあるスタートアップに他ならないから、そこで経験を発揮すればいいのだ。

だが、日本では不思議なことに、すでに上場した「ポストＩＰＯのスタートアップ」への転職が人気であり、逆転現象が起きている。

理屈で考えると、大きなキャピタルゲインを得るチャンスのある、上場前のスタートアップのほうが優秀な人材を集めやすい。逆に、すでに上場していて、成長率が鈍化しているスタートアップは人を集めにくいはずである。

あえてポストＩＰＯ企業に入るとしたら、やりがいをしっかり見極めるべきである。その上で、高い成長率を維持していて、ストックオプションや持株会などの形で株価上昇の恩恵を受けられる企業に絞るのがいいだろう。

もう一つ、転職者が勘違いしがちなのは、「大企業や大企業のＣＶＣ（コーポレートベンチャーキャピタル）が投資しているから安心だ」という観点である。一般的な世間の基準で、スタートアップのポテンシャルを判断してはいけない。

大企業と純投資のベンチャーキャピタルでは、出資のロジックが異なる。大企業やＣＶＣはバリューアップよりもアライアンスの価値を見て投資をする。それに対して、純投資のベンチャーキャピタルはリターンにフォーカスして投資をしている。そのため、純投資のベンチャーキャピタルが投資を見送った結果として、大企業に出資してもらっているケースもあるので、その場合は注意したほうがいい。

ただし、一部のスタートアップは株式上場後の戦略を踏まえて、大企業からの資金提供や連携を続けているケースもある。特に大企業や事業会社から出資を受けているスタートアップを候補にした場合は、その意図を面接などの機会で尋ねてみて、真意を探るのもよいだろう。

Q

伸びるスタートアップはどうすれば見極められるの？

A

優れたベンチャーキャピタリストが投資する企業を選べばいい

スタートアップに転職するというのは、未上場企業に転職するという意味合いとほぼイコールである。

上場企業であれば情報開示が義務化されているが、未上場企業の場合は義務化されていないので、「本当にその企業がうまくいっているのか」がわかりにくいことが一番の課題といえる。「メディアに多く露出しているから成功している」というものでもない。つまり、**真実の情報を捉えられる仕組みを自分自身でいかに獲得できるかが、スタートアップ転職を成功させるポイントになってくる。**

よくスタートアップ転職を目指す人に「どうすれば、伸びるスタートアップを見極められますか?」と相談される。

僕が伝えるシンプルな方法としては、**優れたベンチャーキャピタリストが投資する会社を選べばいい**というものだ。ベンチャーキャピタリストは、スタートアップと常に向き合う最高の目利きなのだから、その目利き力に頼るのだ。

お笑い芸人の世界には「司会芸人」と「ひな壇芸人」がいるが、司会芸人はどんどん経験を貯めていくので、回数を重ねるごとに話の進行や話題の目利きがうまくなっていく。これをベンチャーキャピタリストの世界に当てはめると、司会芸人がスターベンチャーキャピタリストで、ひな壇芸人が普通のベンチャーキャピタリストである。

ベンチャーキャピタリストは数え切れないほどの起業家に会って、たくさんの投資経験を積んでいるので、起業家を見抜く力が高まっている。特に優れた実績を持つスターベンチャーキャピタリストのもとには、勝てる案件が自然と回ってくるようになるため、成功体験をさらに積んで、目利き力も高まっていく。

また、勝てるスタートアップの側から見ると、成功確率が高いと判断された起業家は、投資家を選べる立場になっていく。自分の成長ストーリーに見合うサポートが得られるべンチャーキャピタリストを選ぶのであり、スターベンチャーキャピタリストはまさにそういった良い案件が集まりやすく、投資先としても選択肢に上がりやすいのだ。

また、ベンチャーキャピタリストの世界は年功序列やピープルマネジメントのうまさで上級職になっていくわけではない。ベンチャーキャピタリストは基本的に投資実績が高いから上がっていく。上級職はプリンシパル、ディレクター、パートナーなどと呼ばれるが、そういった人が投資判断をしているスタートアップであれば、また成功確率が一段上がると考えていい。

だからこそ、自分の人生を懸けた転職を考える際には、スターベンチャーキャピタリストの見立てを借りるのがベストではないかと、僕は考える。

候補になるスタートアップに、日本を代表するようなベンチャーキャピタルが支援していたり、日本でも指折りのベンチャーキャピタリストが支援していたりすれば、もちろんすべてではないにしても、進むべき判断には役立つだろう。

Q

優れたベンチャーキャピタリストはどう見つければいいの？

A

ランキング情報、日本ベンチャーキャピタル協会の理事や役員、上場した企業のリード投資家を調べる

成功するスタートアップを知るのに最も良いのは、スターベンチャーキャピタリストと知り合いになって、有望なスタートアップを紹介してもらうことに違いない。しかし、そうした人脈がある人はなかなかいないだろう。

知り合いがいない人は、経済情報誌の『Forbes』が毎年発表している高い実績を誇るベンチャー投資家のランキングである「ミダスリスト（The Midas list）」を見るといい。日本でも、日本版である『Forbes JAPAN』が「日本で最も影響力のあるベンチャー投資家ランキング」を発表している。後は、そのベンチャーキャピタリストが投資する会社を見れ

ばいいのだ。

中には、自分の実績を見せないキャピタリストもいるにはいるのだが、多くのキャピタリストはみずからの投資実績を知られたほうが自身のブランディングにもつながるため、情報を開示する傾向にある。

もしくは、日本ベンチャーキャピタル協会の理事や役員が出資している投資先を探すのもおすすめだ。協会の幹部には、実績のあるキャピタリストがずらりと並んでいるから、そこをきっかけに深掘りしていくのもいい。

他には、高いバリュエーションで上場した会社のリード投資家が誰かを調べて、その投資家が「次に誰を応援しているか」を調べるという方法もある。最近は、投資家がメディアで発言することも増えており、ベンチャーキャピタルのホームページには投資先が記されているので、調べるのは難しくない。

もっと体系的に見ようと思えば、スタートアップに関するデータベースを参考にするのもいい。「STARTUP DB」や「INITIAL」といったデータベースサービスが代表的だ。未公開市場の経済情報、業績情報などを含めて開示されているので、スタートアップに関心があるなら、登録して日頃から情報を掴みにいくべきだ。

今は、日本だけでなく世界でも、新しいビジネスモデルをＤａｙ１から一緒につくれるようなベンチャーキャピタリストが注目され始めている。

スタートアップのマーケットは、事業の中核となるトレンドが変化していくので、マーケットごとに専門領域の人たちがフィーチャーされ、新たなスターキャピタリストも随時生まれているのが実情だ。

では、どういったときに事業トレンドが変化していることが感じ取れるのか。ここでもトップベンチャーキャピタルの目利き力を借りよう。

日本であれば、グロービス・キャピタル・パートナーズという国内最高峰のベンチャーキャピタルが注力領域として投資を仕掛けてきたら、キャピタリスト業界では「見立てられた」と言われるくらいの影響力がある。もちろん、「弘法にも筆の誤り」があるから、うまくいかない案件も当然あるが、他のベンチャーキャピタルよりも圧倒的に確率が高い。彼らの投資筋は個人がキャリアを選択する際にも指針の一つになると僕は思う。

それから日本ベンチャーキャピタル協会の理事や委員を務めているベンチャーキャピタリストが所属するベンチャーキャピタルについても動向を見てみよう。彼らがこぞって出資をしているようなスタートアップであれば、より期待度が上がると考えていい。

また、グロービス・キャピタル・パートナーズだけでなく、フェーズごとに強みを持つベンチャーキャピタルは他にもいる。アーリーなスタートアップを見つけたいのであれば、インキュベイトファンドや東京大学エッジキャピタルといった起業支援やアーリーからの出資を行うベンチャーキャピタルにも注目したい。

日本のトップベンチャーキャピタルたちの一挙手一投足を見ながら、有望なスタートアップの情報を収集していく過程で、その情報をもとにあなたも転身の判断がしやすくなるのではないだろうか。

Q

倒産リスクはどう見るといいの？

A

日本を代表するようなベンチャーキャピタルが投資を決めたスタートアップはほとんど倒産していない

倒産リスクという観点で見ても、日本を代表するようなベンチャーキャピタルの投資先は参考になる。

というのも、**そういったベンチャーキャピタルが投資を決めるようなスタートアップが倒産するケースは、これまでほとんどないに等しい**からだ。

ここ5年ほどで倒産や民事再生法を適用したのは2社しかない。たとえば総額100億円を調達し、衣服の自動折り畳みロボット「ランドロイド」を開発・販売していたセブン・ドリーマーズ・ラボラトリーズ（2019年に倒産）だ。

セブン・ドリーマーズ・ラボラトリーズ創業者の阪根信一さんは再起して、また起業もしている。「これで諦めるわけにはいかない、次は絶対に成功させてやろう。破産の直後から、そう心に決めていました」と経済メディア・NewsPicksのインタビューでも答えていたが、彼はジーフィットというスタートアップで「為替リスクのヘッジサービス」というフィンテック事業に挑んでいる。

阪根さんはセブン・ドリーマーズ・ラボラトリーズの倒産後、上場スタートアップ2社と大きなベンチャー企業1社から「役員待遇」でオファーを寄せられ、中には次期社長候補としての声掛けもあったという。スタートアップに挑戦し、仮に失敗をしたとしても、それだけのキャリアパスが描けたわけだ。

それは従業員にも同じことがいえる。たとえ倒産しても、その経験はキャリアのマイナスには必ずしもならず、次の転職先で評価されることもあり得る。

未だに「大企業からスタートアップに行ったら、もう人生が終わるんじゃないか」と思っている人はいるが、トップティアのベンチャーキャピタルの目利きを生かして転職先を選べば、大外しするリスクは小さい。

また、ベンチャーキャピタルだけでなく、スタートアップ起業家の動向も見ると、トレンドの変化に気づきやすくなる。成功する起業家の条件は「旬を掴むこと」にもある。これまでもソーシャルゲームのブームが来たときに、それまでゲームと何の関係もない事業を営んでいても参入していき、後にプラットフォーマーとして大きな成功を収めた人もいる。

上場するまでの会社をつくることができたのは「起業家として優秀だから」というばかりでなく、感度を高く「世界の流れが傾いた」と思った瞬間に方向転換して注力領域を選択できたからといったことも多いのだ。

マーケットの中で影響力のある人や、シリアルアントレプレナーと思える人が選択し始めた瞬間は勝ち戦となる可能性が高い。自分よりも能力値が高く、メジャーな人がそこに人生の一定期間で命を懸けて勝負する判断をしたのは、ただ「やりたいから」ではなく、当然に裏側でいろいろなリサーチをした結果だろう。そういう人が勝負に出たときに「ともに歩む」という選択をするのも、チャンスと可能性が大きいと僕は思う。

キャリア選択はつまるところ、様々な情報と、適切なアドバイザーをつけて、最良なものを選び取ることに他ならない。情報がなければ比較検討もできない。それに、通常は転職活動となると現職で働きながら並行して行うため、時間の制約が出てくる。現職と時間の折り合いをつけながら面談や面接に臨むことを考えても、自分が持つ情報をベースに、転身すべき企業を選び抜くことは欠かせないのだ。

そうして有望なスタートアップに当たりをつけて、その中から、自分の興味や強みや価値観に合うスタートアップを絞り、応募していけばよい。念願叶って意中のスタートアップに入社できたとしたら、社会のためにも自分のためにも、企業価値を高められるように専心して仕事をしよう。

最近は、スタートアップも厳選採用になっているので入社のハードルは低くはないが、難関をクリアすれば、やりがいと経済合理性を両立するキャリアに近づくことができる。

Q
伸びるスタートアップを見極めるには、他にどんな情報があるといいの？

A
マーケット全体の動向に加え、その企業が強いチームを持っているかという情報が重要

採用について、特にアーリーなスタートアップ転職で多いケースとしては「リファラル採用」が挙げられる。要は、自分の知人や知り合い、前職の同僚といったツテをたどって、個人的な関係値のある人間を口説いて採用していく方法だ。

もし、あなたにもそういった採用を目的に声がかかったとしても、本当にその会社が伸びるスタートアップか否かは、自分の目で社内を見て、社員の声を聞き、さらには外部から情報を得ながら俯瞰し、みずから判断しなくてはならない。

前述のようにベンチャーキャピタルの目利き力を借りるのもいいし、僕らのようなスタ

ートアップ転職支援業を営むアドバイザーに就いてもらうのもいいだろう。

僕がフォースタートアップスという事業を始めるにあたっては、多くの方々から「ビジネスとして成立しない」といわれていた。スタートアップのメンバーレベルにおける人材紹介の事業モデルは、リクルートやパーソルといった業界の先達で成立している。しかし、フォースタートアップスは、スタートアップでもCxOクラスといったマネジメント層を中心として紹介している。そういった人は自然に企業側から口説かれるため、僕らが介在する価値がないといわれたのだ。

だが、僕はそうではないと考えた。たとえどれほど優秀な人であっても、すべてのスタートアップ群における「最高のオポチュニティか否か」を判断できる人なのかどうかはわからない。

そこで僕らはマーケット全体を俯瞰し、スタートアップの動向をまとめたデータベースで定量的な情報と、起業家やVCからの定性的な情報を合わせて、総合的にどのスタートアップがその人にとってモアベター、モアベストなのかという会話をしていくアドバイザーであろうとしている。

もし、あなたにフィーの高さや条件面だけを挙げるアドバイザーが就いたとしたら、その人の言葉には少し疑いを持ってみてもいいかもしれない。大切なのは「そのスタートアップに将来性があること」で、それを判断するためのアドバイスをしてくれる存在だといえる。

スタートアップの転職先を選ぶ際に、もう一つ精査すべきは「マネジメントチームの強さ」である。

スタートアップの成否は、結局のところ、チームで決まると僕は考えている。CEOや創業者の能力だけでなく、どんなチームになっているかを見るべきだ。Pre-IPOでバリュエーションの高くなる可能性がある会社には、情報感度の高いメンバーも集まっている。

好例が、2021年に約156億円の大型調達をしたSmartHRだ。

キーとなったのは、2017年7月にCOOとして倉橋隆文さんが入社したことにあると思う。倉橋さんは、マッキンゼーやハーバード大学でのMBAを経て、楽天で海外子会社社長や社長室を経験し、事業を成長させた若手のエースだった。

SmartHRは2016年に多数のピッチコンテストで優勝していたので、いろいろな人が

「自分をCxOにしてほしい」と当時の社長だった宮田昇始さんに売り込んでいたはずだ。その中から、宮田さんは倉橋さんというベストな人選をした。

その後、宮田さんが、倉橋さんに権限をうまく委譲して、戦略立案やビジネスチームのマネジメントを任せたことで、SmartHRの成長は一気に加速。同社にはその後も、優秀な人材が続々と入社している。SmartHRに限らず、Pre-IPOの有望な企業は上位レイヤーに優秀な人材を多く集めているのだ。

たとえば、メルカリも上場する時点で、経営経験者が社内に数十人もいたが、それなりに当時の取締役は4人しかいなかった。つまり、経営経験の豊富なメンバーがCxOではなく、各部門のマネジャーとして仕事をしていたわけだ。

「ビッグゲームをみんなで勝ちに行っている」と思えるような優れたチームを持つ企業には、入社のウェイトを高くしてもいいだろう。

転職は、人生の重要な第一歩を進めたり、自分の新たな再スタートを切ったりするような場面だ。スタートアップに限った話ではないが、大企業だろうが、外資系企業だろうが、転職を「自分が知り得る範囲の中だけでの選択」にしてしまうことは、実にもったいない行為だと僕は思っている。「転職エージェントが嫌いだから自分で情報を集めて決める」という人がいるのも目にするが、僕はそれももったいないと思う。

安易に選ぶようなことはせず、あらゆる情報と使える手段を用いて、キャリアは総合的に選択していくほうがいい。

Q

転職先候補の情報はどう整理するといいの？

A

事業カテゴリー、投資ラウンド、調達金額など企業を比較検討できるようにプロットする

では、ここまでの話をまとめてみよう。

「進むべきスタートアップの見極め」として、転職候補先を資料へ落とし込んでいくのだ。

まずは事業のカテゴリーごとに、どういったプレイヤーがいるのかをプロットしていく。たとえば、B2B SaaS、ディープテック、フィンテック、バイオテックなど、それぞれのカテゴリーと属する企業名を書き出してみる。情報はインターネット検索でわかることがほとんどだが、「STARTUP DB」や「INITIAL」といったスタートア

ップの情報をまとめたデータベースを参照するとわかりやすいはずだ。

次に、それらの企業を投資ラウンドごとに仕分けし、投資の調達金額、調達時期、主要なベンチャーキャピタルをプロットしていく。

さらに、その企業のチームにどういったメンバーがいるのか、といった情報も付け足していくとなおいい。現在のスタートアップは、自社のカルチャーや人材に強みがあると感じている会社なら、採用競争力を上げていくためにも自社サイト、Wantedlyなどの求人媒体、noteやSNSアカウントで、積極的に情報を発信している。それらは採用候補者が目にすることを前提にしているため、極端な脚色なども行われていないと考えていいだろう。

その上で将来性を判断する軸として、資金調達の期間に注目してみる。スタートアップにもかかわらず、調達期間が空いているような企業は黄色信号だ。前述のように、現在は投資ラウンドが概ね2年単位になっているため、それが3年以上かかっているようであれば、空きすぎといえる。

また、ベンチャーキャピタルやCVCの顔ぶれから、投資と事業内容を照らして、戦略的に投資の意思決定がなされているかを確認したい。特にCVCからの出資は急場をしのぐようなものではなく、事業の課題を解決するためのアライアンスや、意図的な投資になっているのかを確認する。

こうして総合的にプロットできたら、あなた自身の興味関心も含めて、転職先の候補が見えてくるはずだ。

もっとも、ここまで様々に準備をして、いざ念願叶って意中のスタートアップに入社できたとしても、カルチャーがフィットせずに苦しい思いをすることもあるかもしれない。

ただ、極端にいえば、合わなかったら辞めればいいのである。それは単にあなたの判断が間違っていただけであり、「合わない」と感じながら人生の時間を棒に振るよりは、次の選択をするべきだろう。

とはいえ、そのスタートアップが成長しており、**世の中としても「良い会社」と見なされている場合に、あなたが「カルチャーフィットしていない」と感じるのであれば、それは自分自身にも課題がある可能性を疑ったほうがいい。**

なぜなら、そのスタートアップではたいていの人が前向きに仕事をしているからこそ成長しているのだから。厳しいことを言うようだが、あなたのフィットさせる能力が低いだけかもしれないので、みずから教養を身につけたり、自己改革に努めたりするほうが効果的かもしれない。

Q 会社と自分のミッションが合わないとき、どうしたらいいの？

A 会社と自分のミッションが合わないと気づいたときが、辞めどき

一つ、たとえ話をしよう。

並べられた2枚の絵から「間違い探し」のゲームが成立するのは、人の脳は、2枚の絵に対して関連性を求めるからだという。間違いが見つけにくいからこそ、発見したときの喜びも大きくなる。ところが、そもそも「2枚の絵が違うものである」と見てしまうように脳で処理していたら、ただ間違いを認識するだけで面白みはなくなってしまう。

この特徴は、実は何にでも当てはまる。自分と他の誰かに対しても、自分と関連するところを脳は一生懸命に探そうとするが、間違いを探そうとはしていないのだ。

それを踏まえると、転職しようとする会社が何かしらのミッションを掲げていたら、基本的に脳は沿おうとする。多くのスタートアップがミッション、ビジョン、バリューを掲げているのは、それが採用につながり、事業を前進させるためにも必要だからだ。

だからこそ、**会社の掲げるミッション、ビジョン、バリューと自分がズレていることに気づいてしまったのであれば、そのときが辞めるタイミングなのだと思っていい。**

考え方を変えよう。現代には、これだけたくさんの働ける場所があって、そこから最高の一つを選ぶことができるのだ。そう思うだけでも楽しくなってくる。

自分を磨き続け、「視座・視野・視点」を高め続けられる人であれば、自信を持って様々な選択もできるだろう。

では、自分を「普通」だと思っている人は、どうか。

今のままでは負けていく日本で、「安定」に「普通」を生きることは怖さにつながる。だから、**自分が「普通」だと感じる人にこそ、果敢に「旬」の市場を狙って、勝ち馬に乗りに行くことをすすめたい。**そして、現代における勝ち馬とは、大企業でも、有名コンサル会社でもないことは、ここまで読んだあなたならわかるはずだ。

世界の潮流と旬を見極め、そこに身を投じることで、環境も情報も変わる。そして、戦う相手も変わる。そこで自分は「今までは普通に生きてきたけれど、もっと高い「視座・視野・視点」を持って生きなければいけないんだ」「自分が旬のマーケットに入れたのだから自分のことを存分に生かさねばならないんだ」と、生き方そのものを再点火させたり、切り替えられたりする。だからこそ、僕は転職という機会を、本当に素晴らしいものだと思っている。

第4章

スタートアップ転職の成功事例

この章では、大企業などからスタートアップへ転身して、責任ある立場を任せられていたり、新たなチャレンジを試みたりしている人たちの実例を取り上げたい。言わば、あなたの「先輩」に当たる挑戦者たちといえる。

彼らへのインタビューを通じて、あなたがスタートアップに臨む前に準備すべきことを考え、明日からのアクションにつなげていくのが狙いだ。

さて、今回取り上げる5名の方々は、いずれもCxOや執行役員といった要職に就いている。前述のような見極めを踏まえたうえで、みずからの経験をいかに生かしてスタートアップへの転身を成功させたのか。その実例に学んでいこう。

元メガバンク出身
株式会社シナモン
執行役員・
山村萌さん

プロフィール

山村 萌

Moe Yamamura

京都大学経済学部卒業後、新卒でメガバンクに入社。法人向け営業職として、ベンチャー企業を含む中小企業向け提案営業に従事。その後、2019年9月より株式会社シナモンに入社。事業開発として参画後、2022年2月に執行役員に就任。

※組織名・肩書きは取材当時のもの

スタートアップ選びは「自分がどこで役に立てるのか」という観点で

――シナモンＡＩの事業内容と山村さんの役割について教えてください。

シナモンＡＩは「誰もが新しい未来を描こうと思える、創造あふれる世界を、ＡＩとともに」をパーパスとし、高度なビジネスＡＩソリューションを開発して、多数の国内大手企業に提供しています。シナモンＡＩでは「Digitize（デジタル化）、Structure（構造化）、Understand（理解・活用）」という三つの独自研究領域に基づいて、ＡＩ ＯＣＲや自然言語処理技術のビジネス適用などに取り組んでいます。それらを用いて、業界特有の非構造化データの活用を図っています。

現在は執行役員として、ソリューションの強化と、受注の最大化がミッションです。クライアントとの接点となるマーケティング、インサイドセールス、事業開発という三つの領域を担当しています。ニーズを俯瞰的に把握しながら、日々進歩するテクノロジーをどのようにビジネスに落とし込んでいくかを考えています。

――これまでは、どういったご経歴を歩まれてきましたか？

京都大学経済学部を卒業後は、メガバンクに入行しました。就職活動では、スタートアップを含め、業種・規模を問わず、様々な会社を見ていました。ただ、どの会社も面白そうに見えたのと、実際に働いたことがなかったので、まずは会社そのものを見極める力をつけ、ビジネスを学びたいと思いました。

もともと、体育会サッカー部のトレーナーとして選手のケガをどのように減らせるか、どうすればパフォーマンスを高められるかを考え、組織として試行錯誤を積み重ねていくことが非常に面白い経験として残っていたのです。大学の部活でありながら営業活動を通してスポンサーを集めたり、小学生と交流をしながらイベントを企画したりする地域活動など、いろいろな取り組みも行い、ある意味、ビジネスの擬似体験のような貴重な経験ができました。

そのような経験の中で、自分でPDCAを回して改善を積み重ねていくことと、ゴールを定義してみずからルールをつくっていく経験ができた点は、今の仕事に向き合う姿勢に通ずるものがあるなと思います。学生時代から一貫して、人に与えられたルールにのっとって生きていくのではなく、自分でルールをつくっていくことが好きなのだと思います。

銀行を選んだのは、いろいろなビジネスを見られる環境ということと、「すでに出来上がったルールを実行する」という自分が苦手としていることをあえてやってみようという意識が働いていました。入社後は、法人向け融資や運用商品を扱う営業担当でした。

顧客にはスタートアップ企業もありました。また、新しい事業に挑戦する企業を支援する機会も多く、環境としてはとても恵まれ、貴重な経験をさせてもらいましたね。いろんな方から刺激をいただく中で、私自身もスタートアップへの興味が湧きました。

ただ、想像していた通り葛藤もありました。

スタートアップは、数多くの課題と日々向き合っているので、1年間でガラリと景色が変わっていくことを実感していました。

一方で、高リスクと分類されるスタートアップ向け融資はとにかくハードルが高く、どんなに融資に付随して収益機会が見込めたとしても、「やりたいことを一つ提案するのに、20のステップを踏まなければならない」といった仕組みになっていました。もちろん、洗練された仕組みであり、会社を効率よく守るためには必要だという認識もありました。

「なぜ、それが自分たちの会社に必要なのか」「その目標設定は本当に正しいのか」と立ち止まって考えることは、全体の効率性を下げる要因になることもあります。学生時代から常にルールに従うのではなく、つくっていくという考え方をしてきたので、常に葛藤を感じていました。

一方で、スタートアップの方とお話をすると、「人材が足りない」とご相談をいただくことも多く、むしろ自分がこの中で働けたらいいのに、という想いが徐々に芽生えてきました。

そんな中、体調を崩した時期がありました。そのとき、当たり前ですが改めて私が休んでいても組織や社会が回っている様子を見て、「自分はこの組織で働くことで本当に社会に価値を出せているのだろうか」と感じました。

良い機会だと思い、スタートアップへの転職を考え始めました。

転職アドバイザーとしてフォースタートアップス経由で様々ご紹介をいただく中で、シナモンＡＩと出会いました。

２０１９年に転職をしましたが、そのときは一人の営業担当としての入社でした。一番の下っ端として上司の営業にひたすらついていくところからのスタートです。当時、社内はオペレーションが整っていたわけでもなく、かつ無駄な時間は1分たりともなかったため、1回ごとのアウトプットが重要でした。その点、最初は慣れるまで本当に難しかったです。様々な問題が起こることが常なので、すっかり埋まっているスケジュールを無理やり空けて対応することが何度もありました。

そうしてたたき上げで先輩たちに教えてもらいながら、私自身もスタートアップならではの変革を身をもって体感する中で、みずからチャンスを掴みにいきました。現在のポジションとしては事業開発担当の執行役員として、事業開発全体を見る立場です。

―― 転職時は、どのようなキャリアや働き方を望まれていたのでしょうか。

当時、私はスピード感に物足りなさを感じていると思い込んでいました。今になって振り返ると、若手だった私は、会社や上司に守られ、常に、大きな仕事が回ってきたときのために準備し、待っている感覚がありました。だから、その間の自分は、本当の意味での実戦からは距離のあることをやっているのではないかと、もどかしさを感じていたのだと思います。他方で、スタートアップで活躍されている方々のお話を聞くうちに、自分の成長のためには、今のうちから矢面に立たざるを得ない環境に、時間を投資すべきだと考えるようになりました。

―― どのような軸で企業を選んでいましたか？

最初は企業を選ぶというよりも、「自分がどこで役に立てるのか」という観点で調査する感覚に近かったです。自分に特別なスキルがあるわけではなかったので、どのようにスタートアップの世界で役に立ち、事業を自分でつくっていく人材になれるのかと考えながら、いろいろな方のお話を聞いていました。はじめのうちは自分の強みが見つからなかったのですが、だからこそ学ぶことが多いと感じました。そして、自分が成長できそうなフィールドや、一緒に働きたいと思える方がいる企業を探すことにしたのです。

いろいろな企業との面接を経る中で、「自分がどのようなことであれば役に立てるか」について壁打ちをさせてもらって、相手のリアクションも受けながら、考えていました。すぐに尖ったスキルで役に立てるかはわからないけれど、少なくともデイリーに、1歩目2歩目で役に立ちそうなことの手応えを、少しずつ感じながら進めました。

――転職先にシナモンＡＩを選ばれた決め手は何でしたか。

大きく二点あります。一つは、会社自体が成長できる幅が大きいと感じたこと。もう一つは、自分自身が成長できる機会があると思ったことです。シナモンＡＩはベトナム、台湾、日本とグローバルに展開するＡＩ事業です。これまで海外といえばオフショア開発をイメージしていた私にとっては、面談時に「海外人材の優秀さ」を説かれたことと、そういった人たちと一緒にビジネスができることにも面白みがありました。

シナモンＡＩの代表取締役Ｃｏ-ＣＥＯの平野未来とも話した際に、彼女自身が「夢をアップデートする」という強い成長意欲を持っていることを感じました。「今日見える景色と1年後に見えるそれは大きく違うので、夢（＝目標やゴール）は一旦置いて、走ってみながらアップデートしていく」という考え方をとても大事にしていました。とても共感しましたし、彼女のもとには近い考えを持つ人たちが集まるのではないか、と考えられたのです。また、事業内容は未経験であっても、吸収させてもらえる先輩がいて、周囲のバックアップが受けられると感じたことも大きかったです。

面談時には「まだ何を売るか決まっていない」と率直に言われたのですが、社内には技術者がいて、ＡＩは関心も高い領域でしたから、「売れそうなもの」はたくさんあるように映りました。それだけに事業を大きくしていくフェーズに携われることも魅力的でした。

予想外のことが順調に起きるのがスタートアップ

――転職時は、法人営業への増員という形で入社されたのでしょうか？

そうです。基本的にはそれ以外の経験がなかったので、他の候補企業でも営業や事業開発で検討してもらっていました。経営企画もやりたかったのですが、まずは貢献できなければ発言権もないと思ったので、役に立てそうなことから探しました。

かなり打算的ではあるのですが、中でも、シナモンＡＩで働くことで得られる「スタートアップ×ＡＩ×グローバル」という経験は、オリジナリティな価値があると思いました。前職の大企業での経験も掛け合わせると、個人としての価値が下がるリスクは、ほぼないと感じました。仮にシナモンＡＩの事業が立ち行かなくなっても、若手の間なら大企業の路線に戻ることも、次の挑戦もできるはずとも思っていました。現時点では、事業責任を負っている身として、当時よりもさらに、スタートアップでの経験は大企業のみならず、社会においてどこでも生かせそうだと思っています。

――営業担当者からキャリアが上がっていく過程で、仕事の内容や進め方はどのように変わりましたか？

スタートアップでは、ポジションが変わる前に仕事が変わることが多いものです。自分で仕事を広げ、その結果としてポジションができていく感じですね。たとえば、提案していたソリューションに一定の引き合いが出てくると、自分だけでは手が足りなくなり、採用が必要になります。そのため、必然的に採用したメンバーのマネジメントをやり始めることになります。

最近は、久々に会った方から、「出世したね」と言われることもありますが、出世という言葉にはぴんと来ず、あれこれと矢面に立って切り拓こうとしていたら、やりやすい肩書と権限をつけてもらえたという感覚です。

一方で、身近なところでいうとＡＩの研究者など、スペシャリストとして何かを極めている人を見ると、自分ももっとスペシャリストとしての知見を深めたいと思うこともあります。そういう意味でも、銀行で働き続け、金融のスペシャリストになっていても、きっと楽しかったとは思います。でも、自分自身で環境をつくりながら「面白く仕事をする」という観点でいうと、今のほうが自分にフィットしているのでしょうね。

――銀行員時代の経験として、役立ったことはありますか？

あちこちに生きている実感がありますね。顧客管理や連絡の方法、財務状態の把握、ヒアリング技術などが挙げられます。また、シナモンでは取引先に大企業が多く、「どういった承認フローで動いているか」を想像しやすく、話をすべき対象を考えやすいのもプラスに働きました。

スタートアップは基本的に大企業からすれば、信用しにくい存在です。そんな中で、たとえば、自社の財務や事業の状況をどう説明したら納得いただけるか、相手が安心して付き合えるためには何が必要か、といった肌感覚は、銀行員時代に磨かれたことだと思います。そういったことをきちんと説明できる人は、スタートアップの事業開発担当だと、ほとんどいない人材なのではないでしょうか。

現在は役職からいっても、日々の営業活動がどういった会計基準の上にのるのか、どういうふうに仕訳されるのかを把握することで、業務フローも作りやすいですし、契約関連でのリスクヘッジも銀行員時代の経験に助けられています。

――事業や社内でルールが定まっていないことなど、「スタートアップのカオスさ」がよく話題になります。銀行から転じて、山村さんはどう感じましたか？

順調に予想外のことが起きます。普通は予想内のことを順調と言うはずですが、予想外のことが起きていないと順調ではないような感覚です。ただ、それは日々変化があるという意味でもあり、事業が停滞していないことを示してもいますから、カオスであって然るべきだと思います。自分はそういった環境を楽しめますし、気質的にも合っているのでしょう。

――スタートアップに集まる人たちについて、どのような印象をお持ちですか？

スタートアップに向いている人は、プロフェッショナルさの中に柔軟性を感じます。私自身も極力、柔軟に面白そうなことに首を突っ込み続ける、ということを意識するようにしています。一例を挙げると、お客様へ深い提案ができるようになるかもしれないと思い、ＡＩの論文を読むようになったのですが、それが転じて、ＡＩの研究開発を行うチームとのコミュニケーションが増え、Ｒ＆Ｄトピックの設定にも、早い段階で関与できるようになりました。大企業では業務上の役割が明確化されている場合が多く、なかなか「首を突っ込むこと」が難しいと思いますが、スタートアップでは首を突っこむのにも突っこまれるのにも壁を感じない人たちが集まっているのではないかと思います。

——これからスタートアップにチャレンジしようとする人へのアドバイスはありますか？

まずは、自分にとって本当にスタートアップが、あるいはそのスタートアップ企業が合っているかどうかを確認することが大切だと思います。私自身も、経験豊富な先輩に教えてもらいながら成長できましたが、それがない状況で飛び込むことは難しいかもしれません。当たり前ですが、ひとくくりに「スタートアップ」といっても事業・フェーズ・構成員によってまったく異なります。自分が本当に成長できそうな環境、そしてタイミングなのかということについて、かなり意識しながら各企業の方々と話をしていたのを記憶しています。

大企業で働くことが性に合っている人も一定数いるでしょう。大企業にも一定の裁量はあり、人的資本や投資できる額も圧倒的に多いので、スタートアップのほうが仕事の幅が広いと単純に考えるのは避けるべきだと思います。

そのうえで、スタートアップへ実際に飛び込むかどうか最終的に自分で決めるべきですが、様々な人たちと話し続けることは、どのような決断をするにしても、その選択を良いものとすることにつながるように考えています。

結局、入社して仕事をしていくうえでも、あるテーマを持っていろんな人とディスカッションしながら進めていくものです。限られたリソースの中で成果を生み出していかなければなりません。だからこそ、安易な判断は避け、自分にとって本当にその環境が合っているかどうかをしっかりと考えることが大切です。

何でもかんでもスタートアップがいいという風潮に流されることだけは避けたほうがいいと思います。スタートアップが合う人もいれば、そうでない人もいると思います。私自身はスタートアップで楽しんで働いていることを嬉々として話せますが、それは一つの価値観であり、後輩たちが自分に合った環境を見つけられるためにも、様々な意見を聞いてから判断してほしいですね。

40代でスタートアップに！株式会社LabBase執行役員CFO・後藤洋平さん

プロフィール

後藤 洋平
Yohei Goto

早稲田大学大学院理工学研究科修了後、2005年に日興シティグループ証券株式会社（現シティグループ証券株式会社）に入社し投資銀行業務に従事。2012年に三菱商事株式会社へ転職し、国内外の事業投資業務を経験した後、政府系ファンド等にて投資業務やバリューアップ業務に従事し、2021年7月に株式会社POL（現株式会社LabBase）に入社。2022年2月より執行役員CFOに就任。経営管理、業務管理、PX（People Experience）を管掌。

※組織名・肩書きは取材当時のもの

30歳、40歳と、年齢を区切りとしながらキャリアを検討

――まずは、LabBaseの事業内容と後藤さんの役割について教えてください。

LabBaseは研究や研究者を支援するための「研究エンパワープラットフォーム」の事業を展開しています。学生がデータベース上に自分の研究内容やスキルを書き込むだけで、

企業からのスカウトを受けられるという、理系学生に特化したダイレクトリクルーティング型の就活サービス『LabBase就職』は、2023年5月時点で累計登録学生数7万人、利用企業数600社を突破しました。2017年2月のサービス開始から約5年で日本最大級のシェアを誇る理系学生の採用サービスとなっています。

私はCFOとして入社し、コーポレート部門のマネジメント、経営基盤の整備、資本政策に関する業務に加えて、経営陣として会社全体のアップデートと推進も担っています。

——後藤さんの「ビジネスパーソンとしての原点」はどこにありますか？

大学時代に石油工学を専攻し、指導教授の視点に影響を受けたことでしょうか。石油工学は理系の研究室ではありますが、ファイナンスやエコノミクスとも密接に関わる領域でした。経営やプロジェクトを数字で見る機会が多く、自ずと数字の面から会社を支えられる仕事に就こうと考えるようになりました。

また、教授はアメリカのオイルメジャー企業で活躍された方で、ビジネス視点を持ち、自分たちの研究と産業がどのようにつながっているか、そして研究を通して社会への価値還元がどのようにできるかをいつも教えてくださいました。私たち学生を所属していたアメリカの石油会社へ連れて行ってくださるなど、後進育成にも非常に熱心。その影響で、私も社会貢献や知見を次世代へ還元したいとの想いを持つようになりました。

――後藤さんがスタートアップに挑戦したきっかけは？

学生時代にメディアを通じてＣＦＯという職種を知り、憧れを抱いていました。ファーストキャリアとしては会社の経営を数字から見る仕事、それを生業にしている業界から始めようと考え、投資銀行に入りました。30歳までは専心して頑張っていましたが、ずっとこの業界にいたら「染まりきってしまう」と考えるようになったのです。

そこで、30歳ほどを区切りとして転職を考え、三菱商事へ移りました。事業投資へ舵を切ってしばらく経った頃で、投資のキャッシュフロー分析やそれをもとにした意思決定ができる人材を募集していました。将来的には三菱商事の事業投資先のＣｘＯというポジションに就けるのではないか、と魅力を感じて転職しました。

――三菱商事でのご経験はどのようなものでしたか？

三菱商事では事業投資の仕事をやらせていただいていました。投資銀行では垣間見ることはなかった事業会社での経営管理体制や意思決定プロセスを知ることができ、非常に学びの多い機会でした。しかし、3年ほど経つと、大企業でのもどかしさや、自分自身だけではキャリアを築いていけない環境だと感じるようになりました。「もっと金融目線で経営に携わる仕事がしたい」と考え、政府系ファンドへ転身。その後、ファンド時代に投資検討していた企業からCFOのお誘いをいただいたのが、30代後半でした。そのときは、次のプロジェクトが始まっていたのでお断りしたのですが、私にとってスタートアップとのリアルな出会いだったと思います。自分もCFOとして多少は期待される知見を持つことができたのだと実感しましたし、大学時代からの想いが蘇り、転職する大きなきっかけとなりました。

その後、40歳になる頃に、このまま金融の世界から経営に携わる仕事がいいのか、あるいはみずからがスタートアップなどに入ってCFOとして挑戦するのかを、天秤にかけました。やはり「年齢の区切り」は大きく働いたかとは思います。

そんなときに、フォースタートアップスのヒューマンキャピタリストから、今の会社をピンポイントでご紹介いただきまして。「理系大学院生の就職支援や研究領域でビジネスを展開しようとしている会社なので、理系大学院のバックグラグラウンドを持つ後藤さんとは原体験からしてフィットするに違いない」と。まさに、渾身の一撃でしたね。

背中を押してくれたのは、CFOの先輩と話し、自分をよく知る友人に相談したこと

――スタートアップへ転職するときの不安はありましたか？

もちろんありました。代表的なのはジョブリスクで、カルチャーフィットをはじめ、自分の経験とスキルが合わなかった場合の不安は大きかったです。

また、CFOとしては創業者であるCEOといかに関係性が築けるのか、急成長企業の中で、ときには一人でブレーキを踏まなければいけないような「嫌なことを率先して言う

役割」を担えるのか、といったことも懸念していました。

だからこそ、私自身とケミストリーが合う、経営陣とのフィット感は大事にして転職先を選びました。会社が目指す世界観や、スタートアップであればＣＥＯの考え方は特に重要だと思っています。

現職のLabBaseだけでなく、不確実性の高いスタートアップに自分の人生を投じることは大きな決断ですので、安易には考えられませんでした。複数の候補先がありましたが、当時は承諾期限も迫る中でどの選択肢が正解か判断できるほどの材料を集めることができず、一度はLabBaseを含めてオファーを辞退したこともあります。

辞退した後、空いた時間を使って、大きく二つのことに取り組みました。一つはＣＦＯとして活躍している先輩に話を聞くこと。もう一つが私をよく知る友人に相談することです。最終的な決め手としては、二つ目の選択肢が大きく影響しています。


――そこで、カルチャーフィットを感じ取ることができたのでしょうか？

おっしゃる通りです。私の元同僚に、グローバルに様々な社会貢献活動をしている方がいるのですが、その活動に、現職のＣＥＯがボランティアとして参加していたのです。ＣＥＯは社会貢献を切り口に、様々な活動をしていました。ＣＥＯと私の双方をよく理解しているその方からも「LabBaseが目指している世界感はきっとフィットするはず」と言われ、それならＣＥＯとの価値観も間違いなく合うだろうと思えました。

そこから、LabBaseのパーパスへの共感を持てていることを思い返し、「挑戦するならLabBaseだ」と踏み切ることができました。

――前職では投資ファンドで企業を支援していた役割ですが、現在のＣＦＯとしての役割とはどのような違いがありますか？

前職ではアドバイザーや投資家、株主として企業にアドバイスやバリューアップを通じて支援させていただく立場でしたが、いざＣＦＯになると「当事者になる」ということが最も大きな変化です。ＣＦＯとしては自分の一歩が会社の一歩に直結します。成果を出し切って、チームで前へ進んでいくという意識も強く求められます。その責任に対する充実感と、不確実性の高いステージにおいても大きく外してはいけない難しさを、ともに実感しています。

——スタートアップのＣＦＯとして働く上での心構えを教えてください。

実際に内定をもらってから入社するまでの間に、何も整っていない状況に対する覚悟を持っておくことが大切です。実際に働いてみて「これが現実か」とつらい瞬間があるかもしれませんが、そのようなことに対しても「スタートアップあるあるだ」と捉えて柔軟に対応できるように、心に余裕を持っておくことです。

スタートアップでＣＦＯを務める友達がいましたから、彼らからも同様のアドバイスをもらっていました。その点については、心の準備ができていたと思います。

また、ＣＦＯとしての大先輩であるLabBaseの社外取締役から教わったことでもあるのですが、ＣＦＯとしては第一に兵站を絶対切らさないことが肝心。会社や各事業部で必要なリソースを適切なタイミングで提供しなくてはなりません。会社が倒れないことは当然のこととして、スタートアップとして非連続に成長し続けるためには、この大前提を外してはならないと思います。

そして、パーパスの実現と株式価値の向上。この両立を社内の誰よりも考え抜くことも大事でしょう。言い換えると「for the company」の精神で、他の経営陣とは違う視点で

「言うべきことは言う」がＣＦＯの責務であると考えています。

――これからスタートアップにチャレンジしようとする人へのアドバイスはありますか？

もし迷っているなら、ぜひチャレンジしてみてください。確実に様々な経験を積むことができますし、覚悟を決めてやり切ることで、必ず良い経験になると思います。

その会社が大きくなるかどうかは、一人の力だけでは決まりませんし、時代の波による運や不運も関係するかもしれません。でも、迷ったら挑戦するのがいいと思います。もし失敗したとしても、またフォースタートアップスに相談すれば大丈夫ですよ。

マーケティングコンサルタントからC x Oへ 株式会社ヤプリ取締役執行役員COO・山本崇博さん

プロフィール

山本 崇博

Takahiro Yamamoto

2005年株式会社アイ・エム・ジェイ入社。データ分析・最適化のコンサルティングを担うMarketing & Technology Labs(MTL)の立ち上げより、マーケティングコンサルタントとしてROI最大化支援に従事。その後、外資系広告代理店や事業会社を経て、2012年より再び株式会社アイ・エム・ジェイ(現アクセンチュア)に入社し、通信、放送、流通、教育、金融など多業種にわたるクライアントのデジタルマーケティングを支援。2019年に株式会社ヤプリにCMO(Chief Marketing Officer)として入社。これまでのマーケティングコンサルタントとしての知見や、広告代理店や事業会社での経験、さらに他業種にわたるクライアントのデジタルマーケティング支援の実績を生かし、「Yappli(ヤプリ)」のマーケティング強化にとどまらず、幅広い業界におけるアプリの可能性を広げている。2023年4月からは取締役執行役員COO。

※組織名・肩書きは取材当時のもの

常に「大きく成長する手前」くらいの環境が最も成長できる

――まずは、ヤプリの事業内容と山本さんの役割について教えてください。

株式会社ヤプリは2013年に創業し、アプリの開発・運用・分析をノーコード(プログラミング不要)で提供するアプリプラットフォーム「Yappli」を開発・提供している企業です。モバイルテクノロジーで世の中をもっと便利に、もっと楽しくすることを目指しています。

ＣＭＯとしてはマーケティング本部を見ていく縦の役割と、経営として全社を横断して見る横の役割を担っています。まずは縦の役割として、マーケティング本部にはＰＲやイベントをはじめとしたオフラインマーケチーム、マス広告チーム、そしてデジタル広告チームが所属しています。他社と比較して特徴的なのが、インサイドセールスもマーケティング本部にあることです。マーケティング本部はリード獲得だけができればいいのではなく、商談や受注につながるプロセスを重要視しているため、このような組織体制にしています。

横の役割としては、ＣＦＯがファイナンスという視点で全社を最適化するように、ＣＴＯがテクノロジーという視点で全社を最適化するように、顧客の声をもとに全社を最適化していくことを担っています。経営戦略に顧客の声やトレンドを入れながら、会社をアップデートしていく必要があると考えています。

――山本さんがヤプリでＣＭＯになるまでのご経歴は？

大学時代の学部は遺伝子系でしたが、演劇や映画をつくってばかりいました。演劇のように場所が限られたものを、今以上に流行らせるためには物理的な距離を超える必要があると思い、インターネット上で配信したり、映画館で配信できたりすると面白いんじゃないか、と妄想を膨らませていたんです。「関心のあるエンタメとＩＴ領域でチャレンジしよう」と就職活動をして、有名映画の制作にも携わっていたＩＭＪに２００５年に入社しました。ＩＭＪはコンテンツを持っていて、Ｗｅｂ事業もやっていたのでインターネットにも強く、エンターテインメントにも明るいですから。

当初はＷｅｂディレクターやプロデューサーとしてキャリアをスタートしましたが、入社2年目からデータ分析や最適化のコンサルティングに携わりました。当時はデータ分析は主流ではなく、アナリティクスのツールも発展途上でした。

そこで、一つの転機がありました。新規サービス立ち上げのチームメンバーとして声をかけられたのです。「日本でマーケティングプラットフォームを広める仕事をしないか」と。当時はすぐに興味を持てなかったのですが、声をかけてくれた上司の「これからのデジタルマーケティング市場がどうなるのか、データがどのような価値を持っていくのか」など、市場の未来から語るお話が非常に面白かった。それで、一緒にやりたいと自然に思うようになりました。

その後、必死に売り上げを立てながら、5人ほどで始めたチームが少しずつ大きくなっていき、会社の中核事業の一つになるまでに成長しました。いわゆるCRM領域の中では最先端の経験を積めていましたが、マーケティング全体で見ると、マスマーケティングを含めた広告やPRを経験したいと考えるようになりました。

そこで、広告代理店のオグルヴィや、事業会社のGREEでもプロモーションやデジタルマーケティング戦略に携わり、IMJに戻って執行役員になりました。ヤプリには2019年にジョインし、CMOを務めた後、2023年4月から取締役執行役員COOに就任しています。

――転職やキャリアに関して、どのように計画を立てていたのですか？

就職するときから2017年までのロードマップは自分で描いていました。当時は演劇に興味があって、東京都のブロードウェイ構想や政府の動きに注目し、そこからバックキャスティング型で考えていました。目指すべきゴールから逆算して、1年ごとの動き方を考える形で、自分のキャリアを考えていたのです。

ただ、ロードマップ通りになることが大事なのではありません。うまくいかないことが多いのですが、その時々で「自分で考えることができる」というのが大きい。だから、私はロードマップがあるほうが動きやすいと思ったのです。

私が尊敬する先輩が「人生は四毛作だ」とおっしゃっています。ビジネス、経営、政治、教育といったように、人生を4つのタームに分けて考えることを勧めていたので、それも意識していました。

――転職を決めるときに気をつけていたポイントは？

大事にすべきことを、自分なりに決めることが重要だと思います。ミッションに共感する、成長できる、安定しているなど、自分にとって大切なポイントを2つくらい決めて、それにフィットするかどうかを確認することが大事です。

私がヤプリに移ったときには、会社のミッションや成長性を重要視していました。特に、私の立場上、会社の向かう方向性と内容を、自分なりに咀嚼して、自分の言葉で伝えることが大切になります。もし、自分の言葉に嘘が出てしまうような状況になったら辞め時だと、前々から思っていました。だからこそ、ミッションとのリンクが非常に重要なのです。

成長企業で働くことが自分のキャリアの成長にもつながるのでしょうか?

「大きく成長する手前」くらいが、もっとも成長できるのではないかと思います。成熟企業だと、どうしてもオペレーションや改善に寄りがちになります。また、過去のデータを分析すれば翌年の予測にも役立ちます。一方で、急成長企業ではそうはいきません。過去のデータを分析しても、年単位で成長率が大きく変わるからです。過去の分析は参考にはなりますが、さらに自分なりの意思決定や解釈が必要になってくる。そういった環境が私は昔から好きだったのかもしれません。

現在のソフトウェア市場は、海外企業がメジャーですが、日本国内でもっとスタートアップが出てくるといいと思っています。大企業内でも社内ベンチャーが増え始めていますし、もっとプレイヤーが増えてくることが重要でしょう。

「変化を恐れないマインドセット」を培うと、40代から生きてくる

――コンサルタントとしての働き方と事業会社での働き方で、大きな違いはありますか？

コンサルティングはクライアントありきで、その事業を戦略立案から実行までサポートします。一方、事業会社では新しい事業を立ち上げ、推進し、結果を出すまでやり切ることが重要です。戦略が機能する形をつくりあげることが難しく、戦略立案やデータ分析のキャリアを持つコンサルタントが事業会社に転職した際には、その壁にぶつかることが多いでしょうね。

――山本さんは、その壁をどのように乗り越えましたか？

幾度かの転職の中での気づきは重要でした。会社ごとにプロトコルは異なりますし、細かなことで言えば、スケジューラー、メール、コミュニケーションツール、社内ルール、周

囲のメンバーも違いますから、合わせる必要性は案外に大きいものです。

特に上位の立場になると一定の権限が集まってくるので、無理して落とし込もうとすることもできる。ただ、そうとすると組織がついてこないことがあります。最も難しい部分は、組織の内部分析をしっかり行い、事業を適切に進めていくこと。組織を把握し、適材適所に人材を配置して、スピード感を持って勝負をしていくことが、成果を出すためには重要です。

また、これまでの経験の違いというのも意識しておくといいでしょう。コンサル経験者は戦略立案やデータ分析、また広告・制作会社出身者は、戦術における専門性に強みを持つのが特徴的です。一方で、事業をドライブして結果を出していくためには、組織マネジメントの経験や組織論が重要になります。

コンサルティングは課題解決型になりがちですが、事業をつくっていくには、別の頭の使い方が必要です。ただ、コンサル出身者は型をよくわかっていたり、あらゆる業種業界のことを知っているので、そのメリットを存分に発揮できるはず。チャレンジ精神が旺盛で、変化を楽しめる人なら成功しやすいでしょう。

スタートアップはカオスな環境であるため、ジョブディスクリプションが明確に欲しいといった人には向かないかもしれません。事業会社にいらっしゃった方なら、組織運営の知識があるはずです。複雑な生態系の中での事業を推進した経験もアドバンテージになってきます。

――会社を選ぶ軸はありましたか？

年代によって違いがあったと感じています。20代から30代の転職のときは「成長したい」という欲求が強かったですね。自分のスキルがまだ不足していたので、一番伸びるところを探していました。

しかし、40代に差し掛かると、「どういった世界をつくりたいのか」「どういった社会課題を解決したいのか」という点に自分の軸足があったと感じています。

コンサルティング会社は、日本の中枢を担うようなクライアントの課題を解決していくことにフォーカスしている面白さである一方、クライアントは限られてしまいます。

しかし、ヤプリの対象とする裾野はもっと広い。掲げているミッションの「デジタルを簡単に、社会を便利に」に表れているように、モバイルテクノロジーをあらゆる企業に提供したいと考えています。ショッピングモールや国道沿いの店舗といった自分たちの身近にある施設のアプリの裏側をヤプリが担っているとわかると、インフラ的な仕事で社会を支えていると感じます。これは、自分のコンサルティング力をいかに上げたとしても敵わないところです。

――これからスタートアップにチャレンジしようとする人へのアドバイスはありますか？

まずは「なるべく違う世界を見るように心がけること」です。

私は「先生は遠くにつくれ」と思っています。従来とはまったく違う観点にイノベーティブのヒントはあります。まったく違う業界であったり、海外に行ってみたりするのもいい。私は27歳のときに、アメリカで開催されたマーケティングサミットに参加したことの衝撃が強く残っています。イベントの内容や規模感、先見性、現地で交わされる会話には驚きました。

後は「自分の当たり前を疑っていくこと」です。どうしても「自分のできる範囲」に行動は制限されがちです。「まずやってみる」という精神が持てるかは重要だと思います。たとえば、eコマースについて知るために本を読む人はいても、実際に何かを買い付けて売ってみる活動まで実行できる人は限られます。そういったところが差を生んでいく。

どんな些細なことでも構いませんから、自分で実行することに時間を割いてみることが大切です。

それに、転職を恐れすぎなくてもいいと思います。日本はレイオフしにくい国ですし、社会的な調整力が働きにくい分だけ、みずから意思決定しないと外へ出にくい。自分自身でマイルストーンを切ってみたり、ロードマップを敷いてみたりしながら、キャリアを考える必要があるのです。

――大企業とスタートアップで、仕事の違いは何ですか?

スタートアップでは、権限が現場にあることが多いと思います。また、現場で意思決定や判断をすることが重要なので、大企業よりもチャレンジがしやすいと思います。それが魅力でもある一方で、失敗の結果もダイレクトに自分に返ってきます。チャレンジとフィードバックのサイクルが、みずからの経験をより強固なものにしてくれます。

キャリアを積んでいくと、再現性が求められるようになります。40代や50代になると、転職先で過去の成功事例を再現してほしいと求められることも増えてくる。そのとき、この経験が役に立ってきます。ただし、過去の経験をそのまま生かせばいいとは限りません。

私は企業のステージによって考えるべきことが変わると感じています。

たとえば、初期段階のスタートアップ企業と、資金調達が進んできているスタートアップ企業、上場した企業では、それぞれの課題はかなり違います。それぞれのフェーズの課題を理解して、そこに過去の経験のどの部分が役立つのかを考えて実行することが重要だと思います。再現性の高い経験を積みながら、企業のあらゆるフェーズの課題を観察・理解することで、より再現性の高いパフォーマンスを発揮できると思います。

多くの人にとって、転職というチャレンジは簡単なものではありません。30代は家族が増えたり、ローンを抱えたりするなど生活スタイルの変化も起こりやすく、また仕事や環境に慣れてくると、それを崩すのが怖くなってきます。

しかし、転職というタイミングは「自分のガードが外れる機会」でもあります。一度転職してみると、転職の難しさやうまくいくポイントが感覚的にもわかってきます。それがあると、変化を恐れないマインドセットが培われる。変化を恐れないマインドセットは、特に40代から50代になったときに重要になってくるでしょう。もし、自分を突き動かす何かに出会ったら、一歩踏み出すことを恐れないでください。転職という形でなくても、「チャレンジを恐れないマインド」は、自分を成長に導いてくれると思います。

外資系、大企業、スタートアップを経てベルフェイス株式会社執行役員CHRO・矢野駿さん

プロフィール

矢野 駿

Shun Yano

デルジャパンに新卒で入社後、テクニカルサポートエンジニアを経て、新卒／中途採用を担当。2013年アマゾンジャパンに転職し、中途エンジニア採用、新卒採用、MBA採用など、採用に特化したSpecialistとして幅広い採用を担当。その後日産自動車を経て、2018年7月にメルカリに入社。全社の採用責任者や、HRBPの立ち上げ責任者など、幅広い人事業務を経験。2020年10月よりベルフェイスに参画、2021年10月より現職。

※組織名・肩書きは取材当時のもの

「自分の市場価値が高くなるタイミングはいつか」を考えたキャリアプラン

――まずは、ベルフェイスの事業内容と矢野さんの役割について教えてください。

営業まわりのDXを推進する「bellFace（ベルフェイス）」というサービスを提供しています。営業において、SFAをはじめとした管理システムがありますが、実際に顧客と相対

するラストワンマイルのDX化がまだまだ進んでいないのが現状です。よく「オンライン商談のベルフェイス」と言われますが、それはあくまで最初の一歩。オンライン化だけではなく、データ化して、チームとしての営業活動の最大化がミッションです。最終的には、ラストワンマイルのセールスプラットフォームをつくることを目指しています。

私は執行役員CHROとして、人事グループを統括しています。採用戦略から人事評価制度まわりに至るまで、人事に関わるすべてを管掌させていただいています。

――矢野さんがベルフェイスで執行役員CHROに至るまでのご経歴を教えてください。

大学では理工学部の精密機械工学科を専攻していましたが、社会人になるときには、今後のキャリアを見据えてIT業界へ進むことを決めました。大学時代は、正直なところあまり真面目ではなく、良い学生ではなかったと自覚しています。自己評価も高くなく、周囲が名だたる大手企業に就職が決まる中、自分は進路を悩んでいました。ただ、「仮に会社が潰れても、他の会社で生きていけるくらいのスキルを身につけて、食いっぱぐれないキャリアを築こう」と当時から強く考えていました。

私の父親は国内外の企業で働き、専門性や語学力などを身につけており、一人のプロフエッショナルとして成り立っていく背中を見ながら育ったことも関係していると思います。

大学には1年長く通っていたため、同年代に追いつくためにも成果主義で働ける外資系ITベンダーがいいと考え、パソコンメーカーとして有名なデルジャパンに入社しました。サポートエンジニアとして、顧客のパソコンやサーバーの不具合修理や検証、セッティング方法のサポートなどを担当していました。

3年ほど経った頃、成果も一定では出せていましたが、周囲の先輩社員などと技術力や知的好奇心に差があることを感じ始め、エンジニアとしての自信が持てなくなっていたのです。そんなときに、人事への異動を勧められました。新卒採用の内定者説明会で先輩社員として登場したときの内容が良かったのか、人事の方が気に留めてくれていたようです。

デルジャパンでは新卒採用と中途採用を担当しましたが、5年の在籍を一区切りと考え、成長中の企業への転職を決めて、アマゾンジャパンへ移りました。アマゾンジャパンでは、まだ日本では規模の小さかったAWSの採用担当として入社し、中途採用の担当や新卒採用の統括なども務めました。あるとき、シアトルにあるヘッドクォーターを訪れたのが転機になりました。アマゾンジャパンは外資系企業の中では日本ローカライズの施策を認めてくれる会社ではありましたが、本社を訪れた際に「ヘッドクォーターの意思決定に携わる」という憧れが芽生えたのです。自分のキャリアプランも踏まえて、グローバル展開している日系企業で挑戦しようと考えました。

そこで、4年弱働いたアマゾンジャパンを離れ、もともと大好きでもあった日産自動車へ転職しました。タレントマネジメントや中途採用の統括を担当していた中で、声をかけられたのが上場直後のメルカリです。「人事としてカオスな現状を立て直せないか」と誘われ、またとない機会だと捉えて移ることにしました。メルカリでは採用の統括やＨＲＢＰ（人事・事業部付人事）の立ち上げ、中期経営計画の策定といったコーポレート業務など、いろいろな経験をさせていただきました。

メルカリ時代には経営会議に参加していたのですが、経営陣の話を聞いて「自分も経営に近い人事をしてみたい」と思ったのは、大きな転機になったと思います。

その後に、副業のように何社かをお手伝いさせていただいたうえで、やはり「事業会社に戻ろう」と思い、いくつかのオファーの中から「最もカオスな状況」にある会社を選びました。

それがベルフェイスです。カオスな状況では人事のバリューが出しやすく、より経営に近い位置で働けるスタートアップで、いろんな経験ができると思ったからです。入社したら想像以上に大変でしたが、それも楽しいと感じました。
これまでの5社の中で、それぞれが違った状況にあり、自分がどのような状況で力を発揮できるのかを学んできました。結局、自分にとって最もやりがいがあるのは、カオスな状況を整理し、より良い方向へ導いていくことだとわかってきました。
エンジニアの方なら、共感してもらいやすいかもしれません。壮大なシステムをつくってみたいとか、複雑な行動を読み解きながら綺麗に整理したいとか、いろんな趣向があるとは思うのですが、私もその一人であったのでしょう。

――デルジャパン時代のことですが、人事への転身に際して、葛藤はなかったのでしょうか？

最初は、人事のことは何もわからなかったのですが、当時のデルジャパンで新卒採用担当者は私しかいなかったので、必死にキャッチアップをしました。ただ、当時の私はパソコンやサーバー、ストレージからネットワーク機器に至るまで、DELLの日本支社で取り扱う製品のほぼすべてを知っていたことが強みでした。「技術がわかる人事」にはニーズがあることを肌で感じましたね。インターンシップを開催しても、パソコンやサーバーの組み立てから内部構造への説明もすべてこなせますから。

技術的なバックグラウンドを持った人事は市場でも稀有な存在だと感じ、人事でキャリアを積んでいこうと決心しました。

――外資系企業と日系企業で働き方の違いについてどのように感じていますか?

デルジャパンとアマゾンジャパンは外資系企業ですが、成果主義が当たり前でした。「自分のキャリアは自分で掴む」という考え方があり、新しいことにチャレンジする際も自分から手を挙げる環境ですね。合計で10年弱、身を置いていましたが、それが自分としてもキャリアを築くうえでのデフォルトになっていったと感じます。

そのうえで、それがすべてではないという感覚もありました。日産自動車には年功序列的に、年齢に応じた役職が与えられる環境もありましたが、それにもメリットがあると思っています。

たとえば、会社がキャリア形成のチャンスをつくってくれる面もありますし、定期的に異動するのも常に新しいことに触れていけるともいえます。外資系企業のように、自分の専門性を軸にキャリアを選ぶ環境ではできないことです。どちらにも良いところがあると前向きに捉えています。

転職先を選ぶ基準はどのように判断してきたのでしょうか？

もともと人事でもあった影響もありますが、「市場価値が高くなるタイミングはいつか」を考えていました。履歴書を見た面接官から「なぜ、転職するのか」と問われたときに、納得のいくメイクセンスな理由を話せるタイミング、といいますか。

デルジャパン時代は、目の前の仕事や新しい技術の習得が面白く、キャリアプランを描いていませんでした。その後人事へ異動になった際、上司からすすめられて35歳までの「10年間キャリアプラン」をつくったのです。自分のキャリアを「面白い」と思ってもらえて、なおかつ在籍する会社に依存しすぎない経験が必要だと考えました。在籍企業では全力を尽くしますが、極論ではありますが会社が自分自身を必ずしも救ってくれるわけではありません。これからの時代、自分自身の力で食いっぱぐれないようにしたいと考えたのです。

私の場合、デルジャパン、アマゾンジャパンを経て、その次がメルカリだとすると、キャリアとしてはそれほどの目新しさはありません。そこで一度、日産を挟むことがフックになると思っていました。

面接で伝えるべきは、私という人生のストーリーについて「なぜ、このタイミングで会社を移るのか」について、興味を引くような回答の流れに持っていくことだと思っています。

次の会社を選ぶような際には、これまでのキャリアと候補先がどのようにフィットしているのかを考えて、面接官にも話すことでしょう。

――日産への転職はどのように決めたのですか？

日産に関しては、ほぼ決め打ちでした。外資系企業のルノーとの関係があることから違和感もそれほどないだろうと思ったことと、「関東で働きたい」という希望がありました。本社人事となると、他の自動車メーカーだと地方勤務になることも多いので、選択肢は限られていました。戦略的に転身先を選んだともいえますが、もちろん、もともと日産という会社が好きだったこともありますし、今でも大好きです。

人材に対する考え方は、未だに日産が一番好きですね。製造業は30年、40年と長期的に勤務される社員が多く、会社として社員へ提供できる機会も様々あります。平均勤続年数が長いという特徴を前提にスペシャリストを育てる意味では、素晴らしい仕組みだと感じています。それは外資系でも、スタートアップにもない考え方です。

人の流動性が高いスタートアップは多いと思いますが、人材への考え方で言うと、製造業でのノウハウは非常に参考になると思います。長期視点で人材戦略を考え、タレントマネジメントをしっかりと行う。そのいろはを日産で吸収できたのは、とても貴重な体験でした。

――メルカリにチャレンジする際に大事にしたポイントは何ですか？

外資系、外資系、日系と異なる企業で人事を務めてきましたが、いずれも世界規模で社員が10万人から100万人もいる組織でした。メルカリは入社当時で約1000人でしたが、「これから大きくなる会社」に対して、成功してきた3社のカルチャーを参考にしながら、それぞれの企業の良い点や悪い点を咀嚼して、メルカリでの働き方を考えてみたかったんです。

人事異動と転職には大差がない

―――転職への不安や恐れは感じたことがありますか？

デルジャパンからアマゾンジャパンへ移った最初の転職では、初日に出社する時は足が震えるほどでした。でも、一度経験すると「社内異動と転職はそれほど変わらない」と思うようになりましたね。デルジャパンでエンジニアから人事へのキャリアチェンジは、チームや仕事が違い、ステークホルダーも変わるため、転職に近いと感じました。そこで、異動と同じような観点で転職を捉えるといいのではないか、と。

カルチャーギャップや新しい環境へのフィット感が不安になることは確かにありますが、それは上司やチームの雰囲気が変わる部署異動でも同じことが言えます。大仰に捉えず、自分のキャリアの中での新しいチャレンジと前向きに捉えて、いかに早くキャッチアップしてフィットできるかに焦点を当てることが大切です。新しい環境での関係構築についても、部署異動と転職には大差がないと感じています。

――大企業とスタートアップでは、どういった違いを感じますか？

スタートアップと大企業の違いは、規模や体力などもありますが、スタートアップは一つのサービスが会社の事業のすべてということがあります。やることは基本的に同じで、事業を成功させるためには、お客様に満足してもらうために行動することです。エンジニアもセールスもマーケティングも人事も、すべてはその一点に向かう意味では変わりません。

よく、スタートアップと大企業の違いで「スピード感」が挙げられますが、その中身は「意思変更の速さ」と「執行までの早さ」だと考えています。実は、開発や意思決定までのスピードはそれほど変わらないのではないでしょうか。

スタートアップは意思変更が速く、変更が行われるときに情報をキャッチアップできるか、変更にスムーズに対応できるかが重要です。大企業は、大きくなるほどＰＤＣＡを余裕で回すようになりますが、スタートアップは「Plan, Do, Check, Action」ではなく、「Plan, Do, Plan, Do」になっていることが多いです。スタートアップはキャッシュが限られている中で、生きるか死ぬかの判断を迅速に行わなければならないため意思変更やピボットの速さが重要になるからですね。スタートアップも大規模になれば、株主の期待に応えるための経営判断も働き、一つひとつに対してCheckとActionを行うように変わっていくものです。

また、スタートアップにいる人材は目立ちやすいので優秀そうに見えますが、大企業にも優秀な人は数多く働いています。違いがあるとすれば、先ほどの2点のスピード感であり、前もって意識できていれば対応もできるはず。スタートアップで上位レイヤーにいる人が、必ずしも大企業で活躍できるとも限らないのです。結局は、得手不得手の部分なのだと思います。

――キャリアに悩んでいる方に、アドバイスはありますか？

一言で表すと「あなたのユニークなポイントは何ですか？」と問いかけたいです。私自身、エンジニアから人事に転身し、技術的バックグラウンドを持った人事のユニークさに気づいてからは、35歳まで様々なフェーズの企業で働いてきました。それは意識して「ユニークなキャリアを歩もう」と決めていたからです。

あなたにとってユニークなポイントが尖っていればいるほど、食いっぱぐれないキャリアへ近づけると思っています。

もちろん、自分のやりたいことだけを追求したいならば、それでもいいのです。ただ、意識的にキャリアを高めていきたいと考える以上は、いろいろな経験を積んで、ユニークなポイントをつくることが重要になってきます。「結果を出す」というのは、正直に言えば、当たり前ですからね。結果だけではキャリアを思い通りに進めるのは難しいでしょう。実績を積む過程では壁にぶつかることがありますが、逆に言えば、実績を積むためにどう動くのかを考えることにフォーカスすべきです。

経営層に近いところで仕事ができるのは、スタートアップの魅力の一つといえます。今の私のミッションは、CEOと対等に話し、あるいは先んじて会社の成長に関するアクションを提案することです。実際に、以前に100人程度の希望退職を募ったときは、私が最初にその案を提案し、数字や売上予測をもとに必要性を説明しました。CEOは社員を守るために他の道がないか最後まで考え、何度も議論をしましたが、最終的には私たちの提案を通す結論になりました。

スタートアップでは特に、専門性を持って先んじてアクションを起こせる人材が活躍できると思います。スタートアップでの転職は、自分の専門性を生かして、会社の成長に貢献できるチャンスがある。経営に対して先見性を持って行動できるのがスタートアップの面白さです。その魅力に惹かれる方なら、もう何の不安もいりません。ぜひ転職をしてしまいましょう。

経営コンサルタントから、CEOへ 株式会社Yuimedi CEO・グライムス英美里さん

プロフィール

グライムス 英美里
Grimes Emiri

京都大学薬学部卒業、薬剤師免許取得後に武田薬品工業株式会社へ入社。開発部門にて治験管理に従事後、産官学を通じた日本の医療システムの改善に興味を持ち、スイスチューリヒ工科大学にて医学産学薬学のマスターを取得。その後、マッキンゼーアンドカンパニーにて経営コンサルタントとして活躍し、2020年に株式会社Yuimediを創業。

※組織名・肩書きは取材当時のもの

――Yuimediの事業内容について教えてください。

簡潔に言うと、「医療データを綺麗に整理して、それを利活用できるようにする」事業です。主に対象としているのは、社会的にも利活用の機運が高まっているリアルワールドデータになります。つまり、病院にある電子カルテ等に蓄積されている、患者さんに対する診療行為や検査結果に関するデータです。

現在このようなデータは、病院ごとにバラバラのフォーマットで蓄積されています。さ

らには、ひとつの病院内でも複数のデータベースにデータが蓄積されており、データが断片化していることが多いです。データとしての価値がブラッシュアップされきれていない状態です。

それを私たちがエンジニアリングを通じてブラッシュアップし、分析できる形にします。簡単に表現すると、日記のような状態のデータをエクセルのような表形式の状態に変換するイメージです。これによって、病院における医療データを用いる業務の効率化を図っています。

また、これらのデータは新しい治療法や新薬の開発など、患者さんのためになるテーマの研究に利用することが期待されています。そこで私たちは、綺麗になったデータを使って、患者さんのためになる研究をしたいと考えているステークホルダーをつなげる事業も展開しています。たとえば、病院と製薬会社等になります。私たちの事業は一見、病院や製薬会社の課題解決のためのもののようですが、それだけではなく、治療を受ける患者さんにもつながっていくものです。私たちは会社のミッションに「データを通じて必要な医療を必要な患者さんに届ける」を掲げ、事業を推進させています。

大学への進学や製薬会社を選んだ理由について教えてください。

昔、私自身が若いときに病気になった経験があります。その際に日々薬を飲まなければいけない状況を実際に体験したので、患者としての視点や考え方を自分ごととして捉えることができました。そこで、農学や植物の研究をするのであれば医学に携わりたいなと思い、ただ医者は少し手術が怖かったことと家族からの勧めで薬学部を選びました。

薬学部では、病院や薬局で半年程度の実習があります。実際に臨床の現場に出て、末期の患者さんや若くして病気になった患者さんを直接目で見て、会って感じたことは、「医療」、そして「薬の力」です。

その臨床現場で特に興味を持ったのが難病でした。当時の製薬会社は、患者数が少なく売上があまり上がらない領域の薬には力を入れていないのではと学生ながらにニュースなどを見て感じており、声が届きにくい難病患者さんの薬の開発に携われないかと思ったのです。

実は、難病の患者さんの声を世の中に伝えることで、製薬会社が薬をつくってくれるのではないかと思い、マスコミに進むことも検討していました。結局は、縁があって武田薬品に入社しましたが、フタを開けてみると、市場の変化が起きている最中だったことにとても驚きました。

当時、ほとんどの製薬会社は生活習慣病など患者数が多い領域に注力しているように見えました。しかし、市場が成熟したことで、それぞれの会社で差別化が難しくなり、より専門的な領域に対象を当て始めていました。そのため、世の中的にも事業としても患者数が少ない疾患領域での新薬づくりに注力しつつある状況でした。今振り返ると、もしかしたら自分が病気になったこともそうですし、家族の声から薬学部に入ったことも、キャリア選択に全部つながっているのかもしれません。

——その後、どのようなきっかけでスイスの大学院に進学されたのでしょうか？

製薬業界では、グローバルで意思決定をする傾向が強くなり、日本からの発信から決定まで時間がかかるように感じていました。当時は、なんでそうなってしまったのかと非常に悔しく思い、グローバルの視点から一度業界全体を勉強したいと製薬会社本社が多いスイスの大学院に行こうと決意しました。日本と海外でのシステムの違いや考え方の違いを学べたのはとても良い経験でした。

また、もう一つ海外に出て感じたことは日本の経済が以前と比べて下がってきているのではないかという不安でした。他の国での日本円の通貨価値が想像していたより低いと感じることが多くあり、このままでは日本はどうなってしまうのだと危機感を持つこともありました。日本の経済と教育システムをより発展させていく必要があると強く痛感しました。

2児の母親として、不安を抱えながら決意したマッキンゼーへの挑戦

――スイスの大学院卒業後は様々な選択肢があったかと思います。その中で、マッキンゼーに行かれたのはどうしてでしょうか。

私が武田薬品に入社した頃、製薬会社では構造変革が起き、さらには人事変革も起きて

います。開発拠点を海外に移したり、買収などによる人員整理を行ったり、それを手伝っているのが戦略コンサルであるとの話を耳にしました。

私のいた武田薬品でもかなり大きな人事変革が起き、当時の同期の多くから会社に残るか去るかという苦しい決断をしたという話を聞いていました。当時の戦略コンサルでは戦略の部分のみに関わり、オペレーション以降は事業会社に任せるということが主流だったので、オペレーションを任された事業主側が大変な苦労をするというのを目の当たりにしました。

そこで、オペレーションまで携われるような戦略のコンサルタントになれないかと考えていた際に、マッキンゼーが、ＲＴＳというオペレーションの実行フェーズまでサポートするサービスを実施していると聞き、興味を持ちました。

また、マッキンゼーでは、ヘルスケア領域や製薬会社の業界だけに捉われず、あらゆる業界のあらゆる分野での戦略作成を経験できるため、様々な業界や企業の組織改革に関わってみたいという個人的な思いも一致したので入社しました。

もう一つ入りたいと思った理由は、女性として尊敬できるロールモデルのパートナーの方に出会ったことです。私は、2人の子どもの母親なのですが、採用された当時は子どもが1人いて、2人目を妊娠中でした。子どもがいて、妊娠している状態で働いている状態で中途社員として働けるのだろうかという不安がありましたが、最終面接官だった女性のパートナーの方がいろいろな不安を聞いてくださり、はっきりと「問題ない」とおっしゃってくれました。当時まだ子どもがいる中途の女性コンサルタントは少なかったのですが、様々取り組みでダイバーシティを増やそうとしているマッキンゼーの取り組みには非常に心惹かれるものがありました。

――大きい企業だと仕組みや考え方を変えるのは難しいイメージですが、どうでしたか?

仕組みは変えてしまえば済む話なのですが、カルチャーを変えていくのにはどういった企業でも時間がかかると思います。武田薬品にいた頃と比べて、マッキンゼーではチームの平均年齢が若く、また、男女だけでなく国籍や年齢など様々でした。そういった中で、企業のもともと築いていたカルチャーを明日からすぐに変えようといっても難しいので、日々の中でそれぞれが相手を理解する努力によって少しずつ変化するものなのだなと感じました。マッキンゼーで良いと感じたところは、誰もが変化を恐れていないところです。

時間がかかるとわかっていることでも、果敢に会社として取り組んでいく姿を見て、とても良い会社だなと感じました。

――マッキンゼーを離れ、起業を検討していった過程を教えてください。

子育てと仕事のバランスを自分の好きなように調整したいと思ったことが一つのきっかけでした。マッキンゼーはすごくシステムが整っており、かなり居心地が良い会社でしたし、お世話になったパートナーや他のメンバーとずっと一緒に働きたい気持ちもありました。しかし、上の子どもが幼稚園にいく年齢になって、どうしても迎えの時間が昼間に発生してしまうようになり、毎日昼間に抜けることができる仕事をしたいと感じるようになりました。

マッキンゼーはかなりフレキシブルな対応をしてくれる会社でしたので、誰かに相談したら、おそらくどうにか考えてくれたであろうと思います。一方で、他の人に迷惑をかけず、コロナ禍かどうかにかかわらず、基本的に在宅勤務で、かつ働く時間をフレキシブルに変えられるような、子育てと仕事を思い通りのバランスにしたいという非常にわがままな気持ちが、子どもの成長をきっかけに芽生えてきました。

もう一つの観点でいうと、私は元々メーカー（製薬会社）出身なので、何かモノをつくり、誰かの元に届くことで、誰かが幸せになるということが実感できる立場が好きでしたので、人生の中で新しいモノを一からつくってみたいと思っていました。その中で自分の専門性が最大限に生かされる職業であればいいなと感じたのがもう一つのきっかけです。

また、スイスの大学院での経験から、日本の経済を良くし、海外でも戦えるようにするためには、新しく生まれた企業や事業に携わっていくことが必要だと考えるようになりました。会社を辞めようと思ったタイミングで、新しく生まれた企業の支援ができる立場としてのベンチャーキャピタルへの転職、もしくは自分自身での起業を検討しました。

専門性を生かし、子育てしながらモノを作りたい。すべてを実現するために選んだ起業という道

――**実際に起業するまで、どのように進んでいったのでしょうか？**

人生で一度はヘルスケア分野でプロダクトをつくり、課題解決に向けて事業をやりたいと思っていたことと、日本経済の課題について、志水さんとお話をしたところ、意気投合し、インキュベイトファンドの村田祐介さんを紹介いただきました。

起業をする勇気を持てたのは、村田さんの存在がとても大きかったです。私だけで事業アイデアを考えて起業するのは無理でした。村田さんが初期段階から壁打ちをしてくれたお陰で構想が固まりましたし、これまで数々の素敵なスタートアップ企業に投資をした村田さんに応援してもらっているということは精神的にも大きな後ろ盾になりました。

最終的には、30代になったばかりで子どもも2人目が生まれたタイミングだったので、自分自身でプロダクトをつくり、リスクをとってチャレンジするなら今しかないと思い、起業を決意しました。子どもが生まれてから感じていることは、〝次の世代の子たちにとって、日本がよりよい世界になってほしい〟ということです。

――起業を決意した当初から現在の事業やプロダクトに対する構想はイメージされていたのでしょうか。

村田さんと初めてお会いして以降、アイデアベースでMTGを重ねて、毎週数個ペースで案を出し、市場リサーチをし、細かな違いも含めると100個以上の案が出てきたと思います。事業構想が少しずつ固まってきたタイミングで、そのサービスをつくるためには、そして事業成長させるためには、良いエンジニアを採用しなければいけないという話になり、エンジニアを探すことになったんです。

紆余曲折あり、現在の共同創業者兼CTOと出会ったのですが、当時つくろうとしていたサービスについて伝え、実際につくり始めてもらってみたところ、途中でこれでは必要としている人がいるかわからないと言われてしまって（笑）。「どうしてこれまでの経験や製薬会社の方との関係を生かすことができるプロダクトじゃないのか」と。そこから再度アイデアを見直した結果、今のプロダクトに行き着きました。

――事業をスタートさせるうえで、大切にしていたことは何でしょうか？

今までの日本の働き方では、女性が子育てもしてフルタイムでバリバリとキャリアを積んでいくのはなかなか難しいのではないかと考えています。日本において働き方はもっと多様化するべきであると思いますし、家事や子育てをしながらでもフレキシブルに働ける環境をもっと築くべきだと思います。

夫婦での役割分担ももちろん進めるべきだと思いますが、やはり子どもは可愛いですし、仕事も好きです。母親として、子どももっと一緒にいたいとも思います。ご飯もできれば自分でつくったものを食べさせてあげたいし、習い事にだって連れて行ってあげたい。風邪をひいて保育園を休んだら、そばにいてあげたい。そんな気持ちを仕事があるという理由で抑えなければならないのは、とても悲しいことだと思うのです。なぜ両方できないのだろうと。そんな欲張りな気持ちを満たしながら女性がしっかり働くためには、フレキシブルさが必要になってきます。

あくまで、「〝子育て中の女性は働けない〟という訳ではなく、〝どうしても対応できない時間がどこかで発生するので、時間をずらさなければいけない〟」という認識を皆が持つことが大切です。フレキシビリティを持って、働く時間をずらしながら組織内のメンバーでお互いに支え合うことができれば何も問題はないので、ダイバーシティを取り入れることは組織拡大をしていく過程でも大切にしていきたいと思っています。

マッキンゼーの先輩の言葉で、「チームはオーケストラだ」というものがあります。オーケストラは、一つの楽器でも欠けるといい音が出ないので曲を完成させることができません。それぞれの役割を認識して、必要なタイミングで音を奏でること、助け合うことが大切で、曲を完成させるためにはダイバーシティが必要になります。時間に制限がある人は、シンバルであればいい。全員がバイオリンを弾く必要はないんです。

そして、ダイバーシティを心から大事にしているチームメンバー全員の協力があっての、オーケストラだと思っています。子育て世代の女性の進出が特に注目されていますが、私は男女年齢に関係なく人生には様々なフェーズがあると思っています。病気になったり、親の介護が必要になったり、極端な話をすると趣味に打ち込みたいなど、どんな人でもプライベートのことで仕事や働く時間への制限がかかることがあると思うのです。

弊社は、完全フレックス制、副業、時短勤務OKで基本在宅勤務です。状況に応じてその時々でチームでどういった働き方が心地よいかをディスカッションするので、細かいことはあえて決めていません。これからも社員全員にとって「どういう働き方が全員にとって一番フィットするのか」、その中央値を探していきたいと思っています。

――Yuimediとして、他にどんなカルチャーを大切にしていきたいと考えていますか？

一人ひとりのモチベーションに従って、思いっきり楽しんで働いてほしいです。たとえば、子どもがいてもいなくても特別扱いせず、あくまで皆対等な立場と意見で解決策を探していけるような関係性。先ほどお話ししたことと重なりますが、お互いに支え合う関係性のある組織づくりを目指しています。

また、私たちが取り組んでいるのはヘルスケアの事業ですが、当然自分達が病気になるとプロダクトもつくれなくなるので、将来的な患者さんの健康に関わる以上は、私たちも健康でいなければいけないという意識も大切にしていきたいです。

1日の中で3分の1は働いている時間、その働いている時間が楽しいと思ってほしい。そこで重要なのは、働くことが楽しいと思うために、何が軸になるのか、ということです。会社の目指すゴールが自分のゴールと一致していること、無駄な規制をされずに自由があること、頑張った分だけきちんと報酬がもらえる制度があることなどの軸がマッチすると仕事の時間がぐんとは楽しくなると思います。

そこを大切にするために直近でバリュー選定も行いました。ここからさらに事業成長と組織拡大も行っていくつもりです。ここ1ヶ月でPoCを回せるようなものがいくつか出てきて成長していきそうな種はたくさんあるものの人手が足りていない状況なので採用強化は必須になっています。

――**新しい仲間が増えていくのも楽しみですね。最後にはなりますが、これからのビジョン、実現したいことについて教えてください。**

ヘルスケア全体の構造を変えていきたいと思っています。医療業界は、まだまだデジタル化の余地があり、データという意味でも整理がされておらず活かしきれていないなど本当に課題がたくさんあります。

それらの課題を解決することに興味がある人にジョインしていただきたい。業界経験がなくても私たちの事業・会社に興味があるなら、大歓迎です。一緒に勉強して進んでいきたいですし、一緒に成長していきたいと思っています。

5名のキャリアヒストリーから、あなたは何を考えただろうか？

最後に、フォースタートアップスでは「ニューエリートをスタートアップへ誘う」と掲げて「EVANGE」というメディアを運営している。インタビューに登場してくださっているのは、いずれもスタートアップの第一線で活躍されている方々だ。彼らの人生に迫り、「働き方の軸」を明らかにしていこうとしているので、さらなる参考例を求めるのであれば、ぜひ併せて目を通していただけたらと思う。

https://evange.jp/

おわりに

本当のところを言うと、「スタートアップへの転職」というテーマで執筆を依頼されたとき、僕には違和感があった。僕自身、スタートアップへの転職は、特別なものではなく、より一般的になっていくべきだと考えているし、特別なこととして取り扱うことに対して疑問を持っているからだ。

しかし、書いていくうちに、「日本」が、変わろうとする意見表明をしっかりと示し始めた。日本政府がベンチャーキャピタルや有識者から情報を集めて、スタートアップを新たな日本経済の一丁目一番地にすることを発表したのだ。「スタートアップ」という言葉が国策に入ったことは、多くの日本人にとって、実は想像以上に大きな転換点だと感じている。スタートアップ育成を中核にした新産業創出が経済対策の中核となるのは、僕が知る限りこれまでなかったことだ。その意味では、僕らは、戦後の日本が歩んできた経済対策と教育とは、まったく別の方針を示されたことに等しいほどに、大きな変化を国家から突きつけられたともいえる。これはかつて日本政府が基幹産業を繊維産業から自動車産業に転換した時のような歴史的な転換点であることを認識してほしい。これからどこで、ゴールドラッシュが起きるのか。この波に乗らない手はない。

あなたが自分自身を「普通」だと思うなら、なおさらスタートアップに携わることを考えてみてもらいたい。それが、これからの勝ち馬に乗るための選択になるからだ。

「勝ち馬に乗る」とは、勝負事などにおいて勝利した側、あるいは勝利しそうなほど有利である側についていって、勝利に便乗することを意味する。これからのスタートアップが、まさにこの「勝ち馬」なのではないか、と僕は思っている。

「JTC」というインターネットスラングがある。「Japanese Traditional Company」の頭文字をとった略語で、「日本の伝統的な（大）企業」を指す言葉だ。かつての日本でいえば、現在のJTCとして捉えられるような企業に進むことが勝ち馬に乗るための選択だった。

今からJTCに入ることとは、多くの人にとって開かれたチャンスとは言えない。新卒入社はもちろんのこと、経験や実績を買われる中途採用であれば、なおさらだ。しかし、人材の積極採用を始めたばかりの競争力のあるスタートアップであれば、チャンスはより大きくなる。

まずはそこで、スタートアップ、イノベーション、テクノロジーといった領域の生態系を学び、自分が何らかの役割を果たし始めたら、次なる競争力のあるスタートアップへ中途採用で進んでもいい。そのように今から行動すれば、「普通」である自分であっても、この日本の中で「やりがい」と「経済合理性」を両立させながら仕事ができる機会を得られる可能性があるのだ。

この原稿を書き進めている間に、いささか状況が変わったこともある。「スタートアップは冬の時代を迎えた」という言説も聞かれるようになった。2022年のＩＰＯ調達額は世界で65％も減ったというニュースもある。2023年3月にはシリコンバレーのテクノロジー企業へ積極的に投資をしていた金融機関「シリコンバレーバンク」が破綻するなど、スタートアップを取り巻く情報は必ずしもポジティブなものばかりではない。

ただ、この状況下においても、スタートアップが勝ち馬であることは変わらない。より大切になったのは、成長するスタートアップを見極めることだ。この本に書いた見極め方を参考にしてほしい。

大事なのは、いかに「旬」といえる場所で、みずからの人生と時間を投資できるかだ。

この大前提を守ることができれば、人は一定の成功を収めることができるだろう。この法則を知らないからこそ、「普通」にとどまってしまう。これも一種の「知らない悪」だと言ってもいいかもしれない。

人は、誰でもイーロン・マスクやマーク・ザッカーバーグのようになれる。
では、なぜなれないのか？
一つは、無知であるから。もう一つは、人間が怠惰であるからだ。
人には本来、無限大の可能性があり、それを一人ひとりが持っていること、自分だけが追求できる可能性があることを知らない。

今なら、ChatGPTで一気に名前を知られた、OpenAIのCEOであるサム・アルトマンも、まさに、人間は何にでもなれるし、何でもつくることができることを体現している一人だと思う。

サム・アルトマンは、もともとスマートフォン向けの位置情報サービスのアプリを提供する会社の共同創業者となり、後に「Yコンビネータ」というスタートアップ企業に対して投資をするシードアクセラレーターの代表も務めていた。Yコンビネータではみずからが事業を手がけるわけではなく、世界の様々な人たちが進める事業をプロデュースしたり、さらには起業家たちに場を提供したりして、より新しい可能性を探ってきた。

Yコンビネータを離れたサム・アルトマンは、再び起業家・投資家として、ビジネスの第一線に戻ってきた。OpenAIで知られることが多いが、その他にも核融合発電に関するスタートアップ企業も手掛けている。そのうちの一社である「オクロ」は、2023年7月にニューヨーク証券取引所に上場することも発表した。

もちろん、サム・アルトマン自身の能力が高いことも要因ではあるが、彼は「旬」を知れる場所にいて、さらにみずからの怠惰を乗り越えて、人生と時間を投資した結果なのだと僕は思う。人間はまだまだ進化できるし、これまでの存在を凌駕できることの証でもある。

僕はこの本の中で、様々な「事実」や「現実」も交えて、スタートアップという場で働くことについて書いてきた。それらを知らないまま生きることも人生なのかもしれないが、大切なのは、まずは知ることだ。そして、知ったうえで、選ばないというのは、人生の決断として何も間違ってはいない。

自分がもっと豊かになれる可能性があるのに、知らないがゆえに、手に入れていたであろう生き方や働き方は実にもったいない。常にインプットをし続けて、「知らない悪」を超えていこう。この大切さを知り、行動できれば、必ず人生を変えていける。

何しろ、僕自身が変われたのだから、きっとみんなも変われるはずだと伝えたい。なりたい自分になれる可能性を引き上げていこう。

キャリアに悩む仲間がいれば、この本を手渡し、ともに新しい場所へチャレンジしていくきっかけにもなればいいと願っている。

そして最後になるが、僕は、あなたにも、社会のため、未来のため、次世代のために生きてほしい。

動物は、敵がいない場所を選び、食べものがある場所を選び、自分のためだけでなく種を存続させるために生きている。書もなく、学校もないのに、そう生きている。

人には、書があり、学校があり、そして生き方を選ぶことができる。あなた自身が、これからの社会、未来をつくる一人であることを忘れないでほしい。

この本は、2022年3月15日にビジネス映像メディア「PIVOT」のリリースコンテンツとして連載がスタートした僕の『スタートアップ転職ガイド2022』をきっかけに企画されたものだ。

内容は大幅に加筆してアップデートをしたものだが、あらためて最初のきっかけをつくってくださったPIVOT株式会社 代表取締役の佐々木紀彦さんのおかげだと思っている。また、株式会社ディスカヴァー・トゥエンティワンの大竹朝子さん、編集を担当してくださった伊東佑真さん、広報の宮田有利子さん、そして執筆にご協力いただいた長谷川賢人さんには、日本のスタートアップを取り巻く環境が未来に向けて大きく変化している時代の中で、スタートアップで働くことの選択肢を提供する本書を世の中に届けるために多大なるご尽力をいただいた。第3章の「スタートアップの成長ステージ」の図表に関しては、グロービス・キャピタル・パートナーズの野本遼平さんから資料をご提供いただいた。第4章では、スタートアップに挑戦するキャリアの事例としてご紹介したいとご相談したところ即座に快諾いただいた、山村萌さん、後藤洋平さん、山本崇博さん、矢野駿さん、グライムス英美里さんには心からの感謝を申し上げたい。僕が40歳で覚悟を決めたのは、まだ「スタートアップ」という言葉が一般化されていない頃だったが、現在では、フォースタートアップスの仲間やスタートアップ・エコシステムのみなさまと共に日本のスタートアップ新時代を創るために、やりがいのある挑戦ができることを有り難く感じている。できれば、本書を最後まで読んでくださったみんなも、共に新しい時代を創る仲間となっていただけることを願っている。

２０２３年７月　志水雄一郎

スタートアップで働く

発行日　2023年8月25日　第1刷
　　　　2023年8月28日　第2刷

Author　志水雄一郎

Book Designer　小口翔平　嵩あかり　青山風音(tobufune)

Publication　株式会社ディスカヴァー・トゥエンティワン
〒102-0093　東京都千代田区平河町2-16-1 平河町森タワー 11F
TEL　03-3237-8321(代表) 03-3237-8345(営業)
FAX　03-3237-8323
https://d21.co.jp/

Publisher　谷口奈緒美

Editor　千葉正幸　伊東佑真　（編集協力：長谷川賢人）

Marketing Solution Company
飯田智樹　蛯原昇　古矢薫　山中麻吏　佐藤昌幸　青木翔平　小田木もも　工藤奈津子　佐藤淳基
野村美紀　松ノ下直輝　八木眸　鈴木雄大　藤井多穂子　伊藤香　小山怜那　鈴木洋子

Digital Publishing Company
小田孝文　大山聡子　川島理　藤田浩芳　大竹朝子　中島俊平　早水真吾　三谷祐一　小関勝則
千葉正幸　原典宏　青木涼馬　阿知波淳平　磯部隆　伊東佑真　榎本明日香　王廳　大﨑双葉
大田原恵美　近江花渚　佐藤サラ圭　志摩麻衣　庄司知世　杉田彰子　仙田彩歌　副島杏南
滝口景太郎　舘瑞恵　田山礼真　津野主揮　中西花　西川なつか　野﨑竜海　野中保奈美　野村美空
橋本莉奈　林秀樹　廣内悠理　星野悠果　牧野類　宮田有利子　三輪真也　村尾純司　元木優子
安永姫菜　山田論志　小石亜季　古川菜津子　坂田哲彦　高原未来子　中澤泰宏　浅野目七重
石橋佐知子　井澤徳子　伊藤由美　蛯原華恵　葛目美枝子　金野美穂　千葉潤子　西村亜希子
畑野衣見　藤井かおり　町田加奈子　宮崎陽子　青木聡子　新井英里　石田麻梨子　岩田絵美
恵藤奏恵　大原花桜里　蠣﨑浩矢　神日登美　近藤恵理　塩川栞那　繁田かおり　末永敦大
時田明子　時任炎　中谷夕香　長谷川かの子　服部剛　米盛さゆり

TECH Company
大星多聞　森谷真一　馮東平　宇賀神実　小野航平　林秀規　斎藤悠人　福田章平

Headquarters
塩川和真　井筒浩　井上竜之介　奥田千晶　久保裕子　田中亜紀　福永友紀　池田望　齋藤朋子
俵敬子　宮下祥子　丸山香織

Proofreader　株式会社 T&K
DTP　株式会社 RUHIA
Printing　日経印刷株式会社

ISBN 978-4-7993-2973-3 STARTUP DE HATARAKU by Yuichiro Shimizu